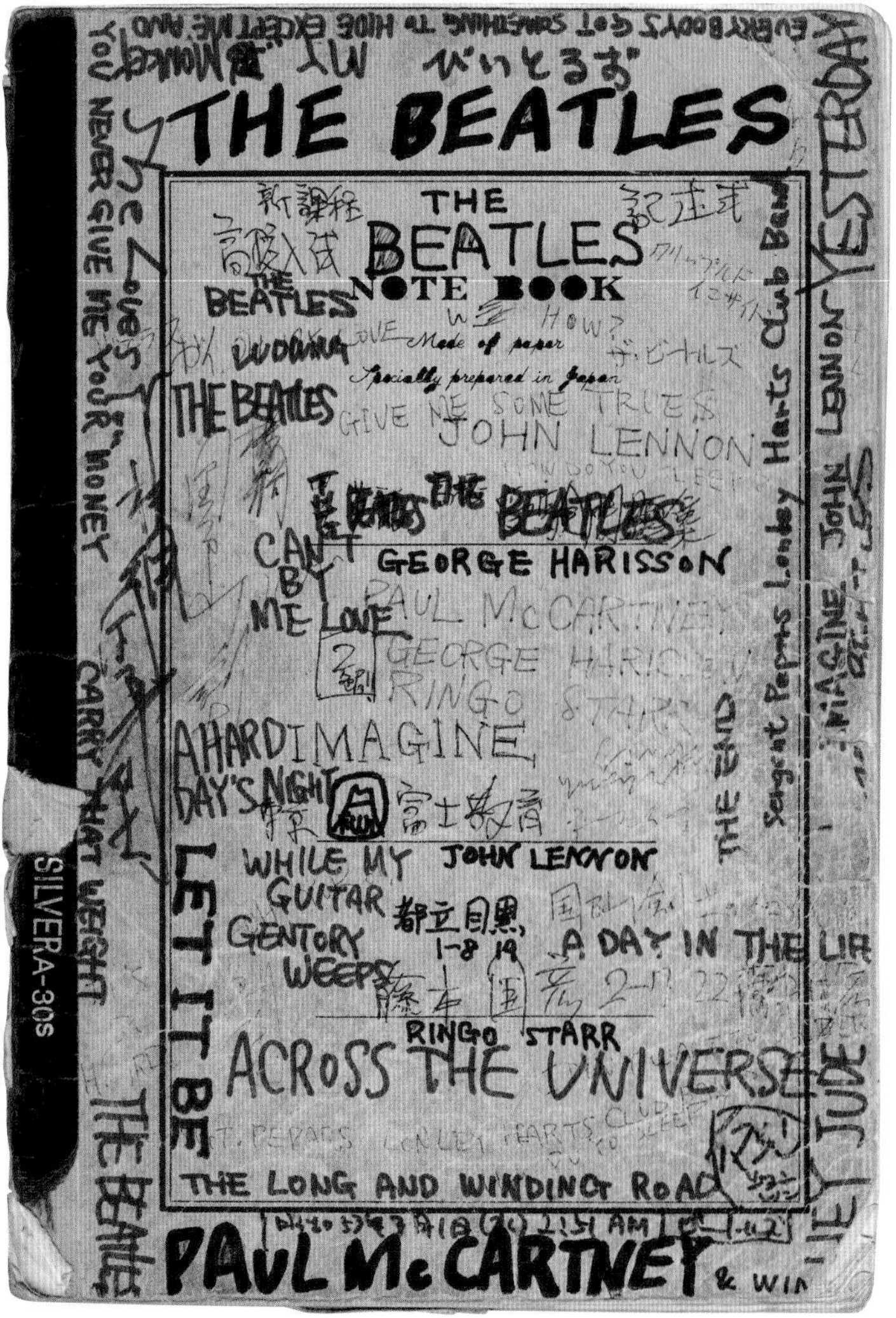

高校1年の英語のノート（1977年）

ロンドンのアビイ・ロードで（1988年7月19日）

ロンドンのアップル・ビル
（1988年7月13日）

ニューヨークのダコタ・ハウス（1989年12月8日）

リヴァプールのエンプレス・パブ（2008年5月31日）

ポール・マッカートニーのニューヨーク公演（1989年12月15日）

ポール・マッカートニーのリヴァプール公演（2008年6月1日）

ペニー・レインのプレートに書かれたポール・マッカートニーのサイン（2018年10月3日）

ロンドンの街角で（2018年10月5日／撮影：菊池健氏）

ストロベリー・フィールドでの集合写真（2017年10月20日／撮影：井上ジェイ氏）

フライアー・パークでの集合写真（2018年10月4日／撮影：井上ジェイ氏）

ミミ伯母さんの家の前での集合写真（2019年10月9日／撮影：井上ジェイ氏）

リヴァプールの高台で（2019年10月9日／撮影：菊池健氏）

ハンブルクのインドラ・クラブで（2019年10月11日／撮影：菊池健氏）

わたしの旅ブックス
031

気がつけばビートルズ

藤本国彦

産業編集センター

プロローグ

行くたびに発見がある。

旅の醍醐味は人それぞれだと思うが、個人的に感じるのは、たとえばそんなことだ。もうひとつ、時間も空間も含めて非日常を体験できることも、旅の大きな魅力である。不思議なもので、旅先だと、1日＝24時間が、1日＝48時間ぐらいの長さに思えてくる。その密度の濃さこそ、非日常体験の証なのかもしれない。海外にいると、脳が活性化し、意識がどんどん開かれていくような気もする。トリップには内外両方の意味合いが含まれているのだろう。

その一方で、旅の楽しさは、音楽の楽しさにも似ている。冒頭の一言を、こう置き換えてみよう。

聴くたびに発見がある。

と書いてみて、個人的に即座に思い浮かぶのは、本書の主題でもあるビートルズだ。現役時代には間に合わなかったが、解散後から意識的に聴き始めて、半世紀近くになる。これほど長く聴き続けても、いまだに飽きることがない。いや、飽きるどころか、新たな音源や映像が登場するたびに、ますますのめり込んでいく。

そして現在は、ほぼビートルズに関することだけを生業にするという恵まれた日々を送っている。肩書は「ビートルズ研究家」にしてはいるものの、個人的には「ビートルズやくざ」の方がしっくりくる（本書を読んでいただければ、なるほど、と思う方がいるかもしれない）。なぜかというと、研究しているという意識はなく、知りたいという思いと、それを文章や本などの形にして伝えたいという思いのほうが強いからだ。結果的に、「研究」しているという見え方になっていると自分では思っている。

それにしてもなぜ、ここまでビートルズに入れ込み続けているのだろう。「なぜ、そんなに長く?」と聞かれることもたまにある。曲の良さはもちろんだが、何と言っても、4人＝ジョン・レノン、ポール・マッカートニー、ジョージ・ハリスン、リンゴ・スターのキャラが面白い。記者会見でのやりとりを見ればわかるが、受け答えに、権威的でも頭でっかちでもない柔軟さがあるのだ。無邪気な遊び心を常に持ち合わせている人間臭い魅力。そこに惹きつけられ続けているのかもしれない。

……というようなことをこうして言葉で書き連ねていられるのも、ビートルズと同時代を共にすることができたからだ。ビートルズの4人にしても、1940年代前半にリヴァプールで生まれ、ジョンとポールが出会ったこと自体が奇跡的にすら思えてくる。60年代という時代を味方につけ、リヴァプールからロンドン、そしてアメリカから全世界へと人気の幅を広げていったビートルズ。21世紀の現在も、まるで現役バンドでもあるかのように、毎日、なんらかの話題が世界を駆け巡るのだからすごい。

本書は、ビートルズとの出会いのきっかけや、ビートルズにまつわる海外での旅を、時代を追いながらまとめたものだ。ビートルズのことを書いたり本を編集したり、ということはこれまでにもたくさんあったが、ビートルズと自分との関わりについて、ここまで細かく書くのはこれが初めてのことだ。本書に副題を勝手に付けるとしたら、いかにしてビートルズやくざに、いや、ビートルズ研究家になったか、である。

ということで、まずはビートルズとの出会いの旅から始めます。

気がつけばビートルズ一目次

Disc 4
1989.11-1990.1 初のニューヨーク旅行

Disc 7

Disc 1

ビートルズとの旅の始まり

1974.12

まさに電気ショック！

「ドロン、ドロン」と、そのとき聞こえたかどうかは覚えていない。

１９７４年。中学1年の時だった。ビートルズを意識的に聴いたのは。

最初に耳にしたのは「シー・ラヴズ・ユー」。兄がビートルズで唯一持っていたシングルだった。冒頭のドラム２連発（６連発）に続いて２つの声が混ざり合った音の塊が耳をつんざく。エレキの音を間近で聴いたのは、これが初めて――まさに電気ショック！である。

音がつぶれて耳に迫ってくるダンゴ状の塊が、むしろ衝撃度を高めたのだろう。曲が終わり、レコードを裏返す。B面は「アイル・ゲット・ユー」。衝撃度は「シー・ラヴズ・ユー」のほうが上だったが、「アイル・ゲット・ユー」のほうがなぜか耳に残った。後から思えば、ジョン・レノンとポール・マッカートニーが楽しそうに歌っているのが良かったのかもしれない。

そのシングル盤は、ビニールのレコード袋に無造作に入れてあるだけで、バンドの写真が載ったジャケットはない。「ドーナツ盤」とも言われていたそのレコードを兄は相当聴きこんでいたようで、あちこち傷だらけだった。レコードは黒いのが普通だが、それは赤

「シー・ラヴズ・ユー」（赤盤）と『ビートルズ80曲集』

かった。東芝音楽工業が主に60年代に、「埃が付着しにくい素材を使った音の良さ」を売りに「エバー クリーン レコード」の打ち出しで「赤いレコード」を出していたのを知ったのは、だいぶ後になってからのことだ。

家にはまた、新興楽譜出版社（のちのシンコーミュージック・エンタテイメント）の楽譜集『ビートルズ80曲集』もあった。「シー・ラヴズ・ユー」を聴いた日に見たかどうかは覚えていないが、その楽譜集には写真が豊富に掲載されていた。そこで初めて「4人」を見た。だが、まだ誰が誰やらまったくわからない。

とにもかくにも、ビートルズとの出会いはこうして始まった。

レコードと楽譜集――。この「2つ」が、その後、半世紀以上も続く「ビートルズとの旅」の大きなきっかけになったわけだが、それ以前に「ビートルズの曲」をまったく耳にしていなかったかというと、そうではない。「どこかで耳にしたことがあるメロディだ」と思ったらビートルズだった――ということは、多くの人が経験していることだろう。

たとえば「オブ・ラ・ディ、オブ・ラ・ダ」は、小学校の運動会での「踊り」の定番曲だったし、「音頭」がまだ出る前の「イエロー・サブマリン」や、ポールの代表的な3曲――「イエスタデイ」「ヘイ・ジュード」「レット・イット・ビー」も、間違いなくそれ以前に耳にする機会があったはずだが、意識的に聴いた記憶はない。70年代前半は、「イエスタデイ」が音楽の教科書に載る前だったと思うし、ビートルズを知ったという人が多いフジテレビのテレビ番組『ひらけ！ ポンキッキ』も、観る機会がなかった。

もちろん、60年代半ばぐらいから歌謡曲には馴染んでいた。当時はテレビの歌番組が多かったので、『ヤング720』でGS（グループサウンズ）を観たり、ウルトラ・シリーズ（『ウルトラマン』『ウルトラセブン』『キャプテン・ウルトラ』ほか）や『怪奇大作戦』『あしたのジョー』『もーれつア太郎』『天才バカボン』『ゲゲゲの鬼太郎』あたりは、朝日ソノラマのソノシートを目黒の駅ビルに入っていたレコード屋で数ヵ月に一度買ってもらったりしていた。たとえば『マイティジャック』『マッハGoGoGo』『リボンの騎士』『ジャングル大帝』などのアニメ主題歌の入ったLPもよく聴いていた。

また、母が好きだったアンディ・ウィリアムスが家で流れていたのも覚えているし、カレッジフォーク全盛時代でもあったので（ベンチャーズやビートルズも人気が高かったと思うが）、兄がブラザース・フォアやピーター・ポール&マリーなどをギターで弾いたり、レコードをかけたりしていた、セルジオ・メンデス&ブラジル'66の「マシュ・ケ・ナダ」も、メロディと曲調（ボサノヴァのリズム）が印象的だったのか、家で流れていた情景も覚えている。彼らの「デイ・トリッパー」や「フール・オン・ザ・ヒル」（ともにビートルズのカヴァー）は、残念ながら覚えていないけれども。

その一方で、兄がいる強みで『少年マガジン』と『少年サンデー』は5歳ぐらいから読んでいた。『少年マガジン』だと、楳図かずおの「ウルトラマン」のメフィラス星人の回とか、みなもと太郎の「ホモホモ7」とか、谷岡ヤスジの「ヤスジのメッタメタガキ道講座」とか。読み始めた時は、「あしたのジョー」はまだ連載されるちょっと前だった。『少年サンデー』だと楳図かずおの「おろち」とかジョージ秋山の「銭ゲバ」とか。67年から71年ぐらいの間のことだ。『少年マガジン』や『少年サンデー』にビートルズの記事が出ていたのは後で知った。ということは、ビートルズを「存在」としては頭の片隅で認識していたということにはなるが、まったく「引っかかる」ことはなかった。

ビートルズの沼にハマるまで

60年代半ばから後半——幼稚園から小学校低学年の「音楽・マンガ」体験を経て、74年、中学1年の時に「意識的」に出会ったビートルズに、その後どんなふうにのめり込んでいったのか。良い機会（？）なので、改めて振り返ってみる。

まず、自宅の最寄り駅の西小山から「目蒲線」に乗って3駅行った奥沢駅の駅ビルにあったレコ田園で、姉に一枚のLPを買ってもらった。ビートルズのいわゆる「はじレコ」（初めて買ったレコード）は、日本編集盤の『ビートルズ！』だった。76年12月8日頃のことだ。日にちをなぜ覚えているかというと、本を買うと巻末（奥付）に「買った日」を書く習慣（？）が小学生の頃からあり、それをレコード購入にも応用したからだ。つくづく「オタク向き」な性格だった（過去形）と思う。

「レコード購入帳」を作り、「タイトル／アーティスト／LP・シングルなどの種別／購入日／購入店」を91年10月まではマメに記録していた。最初に記されているのは、（購入したものではないが）60年代前半に家にあったピーター・ポール＆マリーのLP『イン・ザ・ウィンド』とシングル「風に吹かれて」、そして、初めて聴いたビートルズのシングル「シー・ラヴズ・ユー」の3枚だった。その「レコード購入帳」は、濃紺の、表紙が分厚いバインダー仕立てのノートである。小学2年生の時に剣道を始めたが、これは小学4年から中学3年の間に目黒区の大会で3位以内に入賞した時にもらったものだった。ちなみに剣道を始めたのは69年6月24日――と、これも日にちを覚えているけれど、ビートルズ

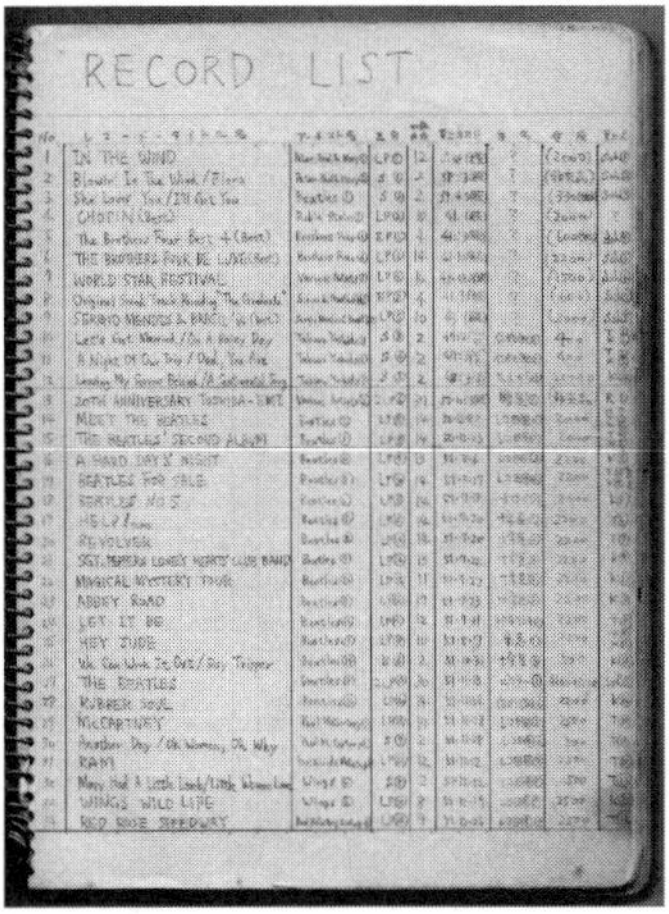

レコード購入帳

が『アビイ・ロード』を集中的に録音する直前だったなんて、知る由もない。とはいえ、「ああ、あの時ビートルズはそうだったのか」と自分の記憶と「ビートルズ時間」を一致させるのも悪くはない話だ。

ちなみに、この「レコード購入帳」は長らく行方不明になっていたが、引っ越しの際に、自宅の倉庫から約25年ぶりに〝発掘〟された。久しぶりに広げてみたが、まず最初に「S.50 6／8 団体三位」という書き込みがあるので、中学2年の時に団体戦で入賞してもらったものだということがわかった。ビートルズを意識的に聴く半年前のことである。「RECORD LIST」と書かれた1ページ目を見ると、自分にしては珍しく几帳面な字だ。右上には「S.55.10.30（木）」とも書いてある。詳細は次の章で触れるが、「浪人中」の〝追い込み時期〟にもかかわらず、漢字の清書ではなく、「買ったレコードのリスト」をまとめ直していたわけだ。

ビートルズの「はじレコ」は『ビートルズ！』だったが、自分で最初に買ったのは、西小山の商店街にあった小さなレコード店イシガミで見つけた吉田拓郎のシングル「結婚しようよ」と「旅の宿」だった。小学5年の時（72年）である。その後まもなく、同級生の家で、出たばかりの吉田拓郎の『元気です。』（72年7月21日発売）を聴いたのと、別の同級生がシングル「おきざりにした悲しみは」をくれたのもよく覚えている。吉田拓郎はシングルのB面曲も良く、「おきざりにした悲しみは」のB面収録曲「花酔曲」は、いまだに最も好きな曲のひとつだ。

ここでひとつ思うのは、ビートルズの「はじレコ」に、なぜ『ビートルズ！』を選んだのか、だ。香月利一さんの『ビートルズ事典』を手にする前だったので、ビートルズのレコードに関する情報はまだほとんど知らないはずである。おそらく、レコ田園の店長に「最初は何がいいか？」と聞いて、『ビートルズ！』を勧めてもらった——ということだろう。2週間後の12月23日に、同じくレコ田園で日本編集盤の『ビートルズ№2』を買っているから、ビートルズのレコード収集に関しては、ハナから「古い順」に買っていこうとしていたようだ。

東芝ＥＭＩのビートルズ担当ディレクターだった石坂敬一さんがまとめた『THE BEATLES FOREVER '76』という96ページの読本（販促用の非売品）は、おそらくレコ田園でもらったと思う。「'76」とあるから、ビートルズを聴き始めた75年12月頃から配布されたの

『THE BEATLES FOREVER '76』と『THE BEATLES CATALOGUE ザ・ビートルズ来日10周年記念特別号』

だろう。その分厚い読本と、76年春に出た音楽専科の増刊『THE BEATLES CATALOGUE ザ・ビートルズ来日10周年記念特別号』は、「レコード集めの長旅」に、実に重宝した。

同じ世代（解散後にビートルズを知った第2世代）以上のファンは、73年に発売されたベスト盤（通称『赤盤』『青盤』）から聴き始めるということが多かったが、その2冊のおかげで、最初から系統立てて聴いていけたのは良かったと思う。

また、香月さんの記事もとても参考になった。「ビートルズの賢い買い方」をわかりやすく伝授しようという内容だった。それを読んで、まず、日本で出ているビートルズのレコードにはイギリス盤、アメリカ編集盤、日本編集盤があり、それぞれ内容が異なるということがわかった。収録曲がごちゃまぜになっていて、まったく統一されていなかったのだ。だから、どう買っていくと効率良く聴けるか、膨大な曲数（213曲）を、いかにダブりなく聴けるかは、何より重要だった。

それを考える上でのもうひとつの「障壁」は、シングルでしか聴けない曲がビートルズにはたくさんある、ということだ。全213曲がどのアルバムに入っているかという表を自分で作ったような気もするが、アルバム（LP）はこれらを買って、あとはシングルを買えば、全部揃えられる——というのが徐々にわかってきた。たとえば「アイム・ダウン」はシングル「ヘルプ！」のB面でしか聴けないとか、「恋を抱きしめよう」と「デイ・トリッパー」はシングルで買うしかない、とか……。社会問題にもなった「仮面ライダー・スナック」のおまけの「ライダー・カード」をすべて集めるのと同じ感覚で、オタク的に「213曲」をひとつずつ埋めていく感じだった（同じ曲でもテイク違いやミックス違いがあるのを知るのは、もう少し先のことだった）。

そこからはもう、ビートルズのレコード収集の道にどっぷり、だ。どのアルバムをどのように買っていったのか、以下にまとめてみる。いわば75年から79年までの「ビートルズ関連レコード購入の旅」である。

1975年から1979年までの間に購入したビートルズ関連のレコード

1975.12.8	ビートルズ！
1975.12.23	ビートルズNo.2！
1976.3.6	ビートルズがやって来る ヤァ！ヤァ！ヤァ！
1976.3.27	ビートルズ・フォー・セール
1976.7.1	ビートルズNo.5！
1976.7.20	4人はアイドル
1976.7.20	リボルバー
1976.7.22	サージェント・ペパーズ・ロンリー・ハーツ・クラブ・バンド
1976.7.22	マジカル・ミステリー・ツアー
1976.7.23	アビイ・ロード
1976.7.31	レット・イット・ビー
1976.8.7	ヘイ・ジュード
1976.11.13	ザ・ビートルズ
1976.11.24	ラバー・ソウル
1976.11.28	ポール・マッカートニー(P)
1976.12.12	ラム(P)
1976.12.19	ウイングス・ワイルド・ライフ(P)
1976.12.26	レッド・ローズ・スピードウェイ(P)
1977.1.5	バンド・オン・ザ・ラン(P)
1977.1.8	スピード・オブ・サウンド(P)
1977.1.9	ヴィーナス・アンド・マース(P)
1977.1.21	ウイングスU・S・A・ライヴ!!(P)
1977.3.3	ロックン・ロール(J)
1977.3.6	リンゴ(R)
1977.3.30?	ザ・ビートルズ・オン・ステージ・イン・ジャパン
1977.5.10?	デビュー！ライヴ・ビートルズ'62
1977.5.25	ザ・ビートルズ・アット・ザ・ハリウッド・ボウル
1977.9-10	オールディーズ
1977.10.10?	イマジン(J)
1977.12.16	心の壁、愛の橋(J)
1977.12.25	リンゴズ・ロートグラビア(R)
1978.2.23	ジョンの魂(J)
1978.2.23	33 1/3(G)
1978.2.26	ヌートピア宣言(J)
1978.4.7	ロンドン・タウン(P)
1978.5.2	オリジナル・オーディション・テープ・サーカ1962
1978.5.2	ジェームズ・ポール・マッカートニー(P)
1978.12.8	ウイングス・グレイテスト・ヒッツ(P)
1979.2.8	リヴィング・イン・ザ・マテリアル・ワールド(G)
1979.2.25	慈愛の輝き(G)
1979.3.27	ザ・コンプリート・クリスマス・コレクション
1979.3.27	スウィート・アップル・トラックス
1979.6.12	バック・トゥ・ジ・エッグ(P)
1979.10.9	レアリティーズ
1979.12.24	ジョン・レノンの軌跡〈シェイヴド・フィッシュ〉(J)

J=ジョン、P=ポール(ウイングス)、G=ジョージ、R=リンゴ

中3までにオリジナル・アルバムはほぼすべて購入

これを見ると、75年から76年（中学2年から3年）までにビートルズのオリジナル・アルバム（と言えるもの）はほぼすべて購入していたことがわかる。「（と言えるもの）」と書いたのは、イギリスでの最初の2枚のオリジナル・アルバム『プリーズ・プリーズ・ミー』と『ウィズ・ザ・ビートルズ』がないからだ。当時、ビートルズのデビュー・アルバムとして70年代に日本のファンの多くが認識していたのは、日本編集盤『ビートルズ！』だった。シングルは、先に触れた「恋を抱きしめよう」（76年10月）、「ヘルプ！」「レット・イット・ビー」（ともに77年3月）などを、LPの合間に購入していた。

また、『ビートルズ！』から『レット・イット・ビー』まではほぼ年代順に揃えていったが、例外が3枚ある。76年11月に買った『ザ・ビートルズ』『ラバー・ソウル』と、80年3月に買った『イエロー・サブマリン』（最後に手に入れたオリジナル・アルバム）である。理由は今でもよく覚えている。『ラバー・ソウル』は、行きつけのレコ田園と、その後、地元の西小山にできた十字屋では長らく手に入らなかったので（購入の際は、いつもお店にあるものから選んでいた）、吉田拓郎と同じくイシガミで買った。『ザ・ビートルズ』は2枚組で高く、『イエロー・サブマリン』はビートルズの曲が半分（ダブりを入れるとわずかに4曲）しか入っていなかったからだ。『レット・イット・ビー』の後に、アメリカ編集盤なのに購入した『ヘイ・ジュード』は、「ヘイ・ジュード」や「ジョンとヨーコのバラード」のようなアルバム未収録曲を集めようというわけではなく、ジャケットに惹かれて、だったのかもしれない。渋谷の東急プラザに入っていたコタニで買ったが、これも、行きつけのレコード屋で見かけなかったからだと思う。

「フォーエバー帯」から「国旗帯」へ

マニアにはよく知られていることだが、70年代半ばは、ビートルズのレコードの帯が緑色の「フォーエバー帯」から「国旗帯」に変わった時期だった。国旗帯には全33枚までの番号が振られ、日本・イギリス・アメリカだけでなく、ドイツやイタリアのレコード（それぞれ『ビートルズ・ビート』と『ビートルズ・イン・イタリー』）まで含まれていた。そうした「帯」のデザインの移行期だったため、買うのが遅れた『ザ・ビートルズ』と『イエロー・サブマリン』は、「国旗帯」になった（なってしまった）。高かった『ザ・ビートルズ』は、

４４００円の「フォーエバー帯」から４６００円の「国旗帯」へとさらに高くなったので、ビクターのディレクターだった兄に「社販」での購入を頼んだ（「４６００円」が3割引きで「３２２０円」になった）。

また、『ラバー・ソウル』は「売れ残り」だったのだろう。「フォーエバー帯」を運良く（？）手に入れることができた。経験した限りで言えば、70年代半ばにビートルズのレコードがすべて揃っているレコード店はそれほど多くはなく、しかも、オリジナル・アルバムではなぜか『ラバー・ソウル』を置いてある身近な店はそれほど多くなかった、ということになる。

ビートルズのレコード（全曲）がこれで一通り揃ったわけだが、当時の発売順に即し、ＬＰの間にシングル曲を挟み込みながら、順にじっくりゆっくり時間をかけて聴いていった。家に帰ると、とにかくずーっと、だ。歌詞カードを見ながら、たまに一緒に歌いながら、ＬＰ１枚聴くのに２ヵ月ぐらいかけて。マーク・ルイソンのレコーディング・セッション本などの正確なデータ本などがまだ出る前の話だ。

4人のソロ・アルバムへ

ビートルズの次には4人のソロ・アルバムへと関心が向かい、まずはポールを買うことにした。だが、ポールもアルバム未収録曲がたくさんあったので、『ポール・マッカートニー』とシングル「アナザー・デイ」を一緒に買い、ほぼ発売順に揃えていった（今なら『アナザー・デイ』は『ラム』と一緒に買うはずだ）。ポールのアルバムを「リアルタイム」で購入したのは、そういうわけで76年の『ウイングスU・S・A・ライヴ!!』が「はじレコ」となった。

ポール以外の3人のソロ・レコードを手に入れたのはさらに遅く、ジョン、リンゴ、ジョージの順に、なぜか、なんとなく、という感じで、発売順にはそれほどこだわらずに手に入れていった。『ラバー・ソウル』の時と同じく、行きつけのレコード店にすべてのアルバムが常備されていたわけではなかったからだと思う。

ゆえに、「出た時」に買ったのは、ジョンは80年の『ダブル・ファンタジー』、ジョージは79年の『慈愛の輝き』だった。リンゴは76年の『リンゴズ・ロートグラビア』だと思い込んでいたが、81年の『バラの香りを』だった（遅っ！）。

といって、ビートルズを聴くのはレコードに限った話ではもちろんない。テレビでは、TVK（テレビ神奈川）の音楽番組——たとえば川村尚氏の『POPS IN PICTURE』（制作はKBS京都テレビ）など——でウイングスの「夢の旅人」「グッドナイト・トゥナイト」「ゲッティング・クローサー」などのプロモーション・ヴィデオがたまに流れていたが、MTVの登場前だったので、それほどたくさん観られたわけではなかった。

ラジオ番組をオープンリールで録音

その一方で、ラジオでよく聴いていたのは、ニッポン放送の『ビートルズ・フォーエバー』という番組だった。ラジオも聴けるオープンリールのデッキが家にあったので、地元の電気屋（というよりも電気工事を請け負う工具店）で松下（現パナソニック）のオープンリール・テープを500円で買い、その手のラジオ番組をしばしば録音していた。

ラジオ番組は『ビートルズ！』を買った直後から聴き始めていたが、その頃よく流れていたのは、ビートルズの曲よりも4人のソロ曲——たとえばポールの「あの娘におせっかい」やジョージの「二人はアイ・ラヴ・ユー」やリンゴの「オンリー・ユー」などだった。

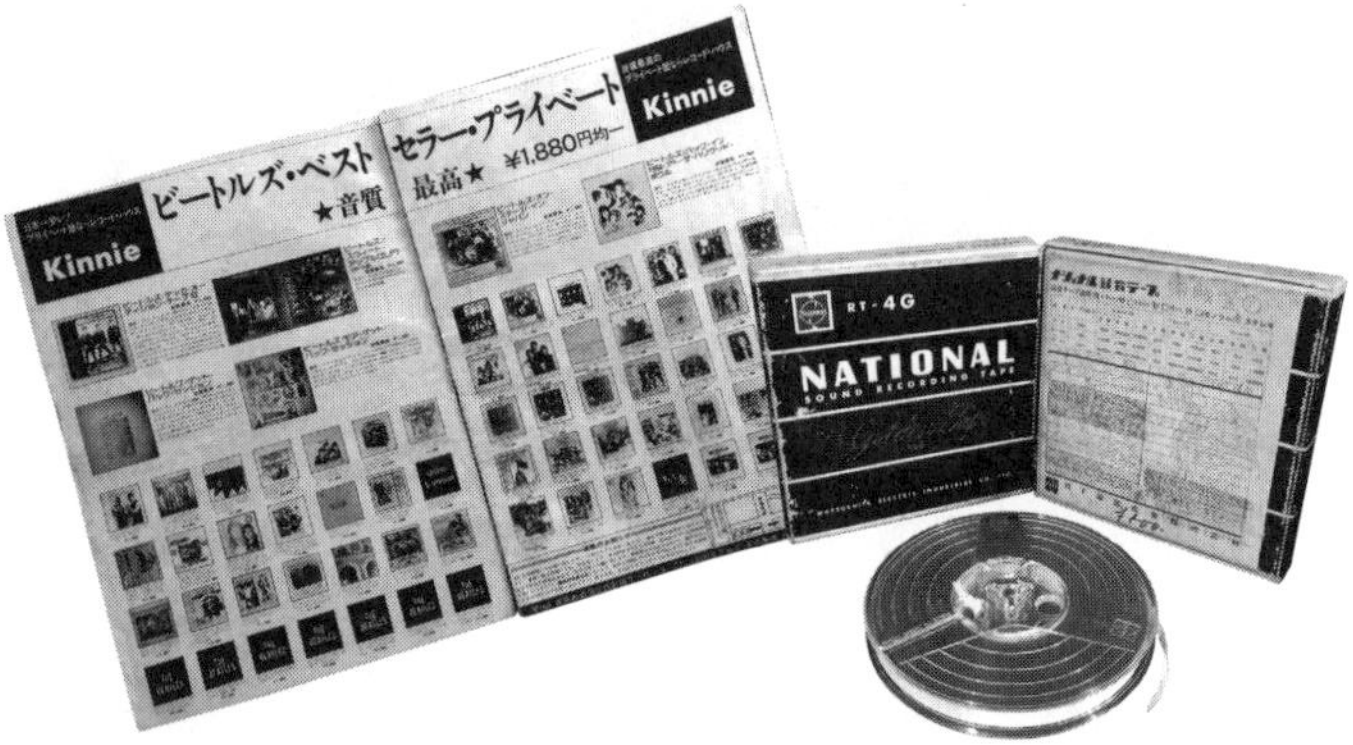

キニーの広告　　松下のオープンリール・テープ

テープは何本も買えなかったので、何度も重ねて録音し、そのたびに、曲目を書いた紙をノリでテープの箱に貼り付けていた。

オープンリールを活用していたのは77年ぐらいまでだっただろうか。「逆回転」で収録された曲もビートルズには多いので、「レイン」や「レボリューション9」などを録音し、オープンリール・テープを逆回しにして楽しんだりしていた。後にカセットテープでも同じことをやったが、ネジを外してテープを入れ替える作業がいちいち加わったので、ちょっと面倒だった。

西新宿「キニー」

「ビートルズのレコード収集の旅」の大きな「転機」となったのは、海賊盤の存在だ。きっかけは、『音楽専科』の来日10周年記念号の香月さんの文章と、巻末に掲載されていた「Kinnie（キニー）」の広告だった。ビートルズの「２１３曲」をすべて手に入れ、すべて聴き終わり、さて次は……という状況の中、ソロ作よりもむしろ「そっち」への興味が広がったのだ。

先のリストを見てみると、ビートルズの「はじレコ（ブート編）」は、77年3月30日（頃）の『ザ・ビートルズ・オン・ステージ・イン・ジャパン』だった。日にちにかこつけて言えば、「中学卒業祝い」に初ブート、である。その次が、１年後の78年5月2日の『オリジナル・オーディション・テープ・サーカ１９６２』と『ジェームズ・ポール・マッカートニー』となっている。もちろん、西新宿のキニーで購入した。３枚とも１８８０円だった。

キニーに初めて行った時は、ちょっとドキドキしたものだ。6畳ぐらいしかない小さい店内の壁一面に飾られたブートに圧倒されながら、入って左奥の角にビートルズのコーナーがあった（2列あったかもしれない。レジは右奥の角だった）。最初からそうだったかは覚えていないが、入口で手荷物をカゴに入れないといけないレコード屋なんて、初めてだった。

その後、『音楽専科』のキニーの広告に、「欲しいものリスト」としてすぐさま印を付け、

自作帯付きの『オリジナル・オーディション・テープ・サーカ 1962』

79年3月27日に『ザ・コンプリート・クリスマス・コレクション』と『スウィート・アップル・トラックス』の2枚を購入した。リストには記載しなかったが、8月になると『アウトテイクス』『アビイ・ロード・リヴィジテッド』『20×4』『ドクター・ロバート…?』『ウォッチング・レインボウズ』『ザ・デッカゴーン・セッション』『ゲット・バック』をキニーやオムで毎週のように手に入れるなど、海賊盤にのめり込んでいった。日本公演は別として、スタジオ・セッションへの興味が強く、それはいまでもまったく変わらない。

海賊盤の、色の着いた紙一枚のへなちょこ

なジャケットには、「昭和の香り」が漂っている。そのチープなジャケットを眺めながら、買おうか買うまいか逡巡する時間。曲目を何度も見返し、聴いたことがない曲や貴重な曲がどのくらいあるかを数えたり……。1880円は「普通のLP」よりも安いとはいえ、1枚買うのがやっとだ。そうしてレジに差し出した「プライヴェート盤」（キニーの広告より）に関して「外れ」はほとんどつかまされずに済んだ。「ライヴもの」にほとんど手を出さなかったのと、香月さんの「おすすめ度」を信頼していたからだ。

一度だけ、こんなことがあった。ポールの『ジェイムズ・ポール・マッカートニー』（テレビショーを収めたブート）だったと思うが、曲目表記のないライヴ音源が、最後に数曲、ほとんど聴き取れない音量で収録されていた。声を聴いて「デニー・レインの知らない曲かな？」と思っていたら、その数年後にマーク・ボラン（T・レックス）のライヴ音源だとわかった。そのおかげ（?）でT・レックスのベスト盤をその後に買った。

西新宿には、キニー以外にも、オムや新宿レコードやディスクロードをはじめ、海賊盤を扱う店がいくつかあり、高校に入ってからは月に2、3回は西新宿のそれらの店にも通いつめた。「国旗帯」シリーズに入っていないビートルズの各国盤がまだまだたくさんあるのを知ったのは新宿レコードでだったが、どれも3800円以上だったので、手も足も出なかった。

ビートルズ関連以外の海賊盤もキニーでいくつか購入した。『ロッキング・オン』や松村雄策さんの書籍『アビイ・ロードからの裏通り』で存在を知ったバッドフィンガーは、どこにも売っていなかったので、前身バンド、アイヴィーズの『メイビー・トゥモロウ』のカウンターフィット盤（オリジナルそっくりに作られた模造盤）はキニーで手に入れた。かなり高価で手を出せずにいたが、キニーの「スタンプ・カード」（スタンプが30個押されると3000円引きだったかな）を使って、3380円で手に入れた（80年9月2日に購入）。『マジック・クリスチャン・ミュージック』と『ノー・ダイス』と『アス』はキニーですべて1880円で購入し、『バッドフィンガー』は新宿のディスクロードで手に入れた。

難関だったのは『ストレイト・アップ』と『ウィッシュ・ユー・ワー・ヒア』の2枚だった。今では信じられないことだが、どこに行っても見つからない。まず、同じく松村さんが絶賛していた『ウィッシュ・ユー・ワー・ヒア』に関しては、新宿以外の、たとえば神保町のロック・ワークショップや渋谷のディスクロードや御茶ノ水のディスクユニオンなどに行くたびに、「ビートルズ」じゃない「B」のコーナーをくまなく探したが、出会う機会がまったくなかった。そうこうしているうちに、西新宿の柏木公園の前にあるウッドストックの2号店でようやくアメリカ盤を見つけた（「レコード購入帳」には85年8月16日とある）。ほとんど宝探しのようなものだが、4500円でも即買い、だった。帰ってすぐに聴いてみたら、バッドフィンガー版『アビイ・ロード』といってもいい、文句なしの傑作だった。『ストレイト・アップ』は87年7月17日に、これもウッドストックで手に入れた。ジョージのプロデュース曲が4曲あったため、フンパツして7800円も出した。

70年代半ばには、AMだけでなく、音のいいFMラジオでもビートルズの特番がたまに組まれていた。どの番組かは覚えていないが、76年5月18日に、NHK-FMで、名盤の誉れ高い（といってもブートだが）『スウィート・アップル・トラックス』からの曲がかかった。曲は、「朝日のあたる家」と「ハイ・ホー・シルヴァー」（「ヤケティ・ヤック」をNHKのアナウンサーはそう紹介していた）である。なんてかっこいいんだろう。『スウィート・アップル・トラックス』を手に入れたのは、番組を聴いた数年後のことだった。

また、これはAMラジオだったが、「ビートルズの珍しい曲」と紹介されて流れてきたのは、「ザ・ロング・アンド・ワインディング・ロード」の、未発表アルバム『ゲット・バック』収録ヴァージョンだった。「珍しい曲」だなんて、意外な気がする。「珍しい曲」じゃなくて「珍しい演奏」と言いたかったのだろうか。

『デビュー!・ライヴ・ビートルズ'62』

ビートルズのオフィシャルものからまがいもの(?)へと興味の幅が広がっていく中で、これも絶妙のタイミングとしかいいようのないレコードが登場した。77年3月に初めて海賊盤に手を染めた2ヵ月後に、ビートルズの213曲にはない曲を大量に収めたライヴ盤『デビュー!・ライヴ・ビートルズ'62』が発売されたのだ。ビートルズのデビュー直後(62年12月)にドイツ、ハンブルクのスター・クラブでの演奏を収めた実況録音盤である。しかも2枚組計26曲収録である。

「聴いたこともない曲がまだこんなにたくさんあるのか」

興奮冷めやらぬワクワク感。しかもこのレコードは、これまた運良く、兄の勤め先のビクターからの発売だった。『ザ・ビートルズ』を社販で買えたのに続き、今度は、見本盤をもらった（見本盤だから0円だ）。見本盤は正規盤の発売前にレコード会社が作るので、発売のたしか2週間ほど前に聴けたと思う。おまけとして付いていた、横尾忠則氏の折り目なしのポスターももらえて、嬉しさ倍増だった。213曲にない珍しい曲の多くがBBCラジオやデッカ・オーディションで演奏されたものだと知ったのはこれより後のことだったと思うが、曲名の半分ほどは、『音楽専科』の増刊などですでに目にしていた。

ビートルズの本家EMIが、オフィシャルじゃないこのライヴ・アルバムの発売にぶつけて、予定の発売日を繰り上げ、同じ月に64年と65年のライヴ演奏を収めたアルバム『ザ・ビートルズ・アット・ザ・ハリウッド・ボウル』を出した。その結果、間を置かずに日本・ドイツ・アメリカのライヴ音源（それぞれ非公式・半公式・公式）を存分に楽しむことができた。

こうしてさらに深くビートルズにのめり込んでいったが、それ以外の洋楽も、レコードこそあまり買わなかったものの、ラジオで聴いたボブ・ディランの「レイ・レディ・レイ」やローリング・ストーンズの「テル・ミー」、クイーンの「キラー・クイーン」などは印象的だった。今でもよく覚えているのは、寝る前にたまたまラジオを聴いていたら、ボブ・ディランそっくりのしゃがれ声で、最後のギターの速弾きがめちゃくちゃかっこいい曲が耳に飛び込んできたことだ。ダイアー・ストレイツの「悲しきサルタン」である。その前に、曲名はわからないが同じように耳に残ったのは、セックス・ピストルズの「ゴッド・セイヴ・ザ・クイーン」だった。世代的にはパンクやニューウェイヴ全盛時代ではあったが、最も好きだったのは、サウンド的にはそのどちらとも言いがたい、ちょっと吉田拓郎的な（？）ダイアー・ストレイツだった。

ディープ・パープル

海賊盤にどっぷり浸かったその時期の高校生活では、1年の時にイーグルスの「ホテル・カリフォルニア」が大ヒットしていたことや、ディープ・パープルやレインボーの人気が高かったことなどが記憶にある。クラスにいた「麻雀仲間」がやたらと洋楽に詳しく、こんなことを言っていた――地元のレコード屋の店主に「これは聴いたほうがいいというのがあったら教えて」と聞いたら、「理解できなくていいからまずはこれを聴くといい」と勧められたのが、キング・クリムゾンの『クリムゾン・キングの宮殿』だったと。「ホテル・カリフォルニア」ブームに食傷気味だったので、しばらくしてそのアルバムを聴いたら、たしかに凄まじかった。キング・クリムゾンにハマったのはそれがきっかけとなった。

その一方で、ビートルズのレコード集めからしてそうだったが、1枚買って気に入ったら、そのアーティストはそのままドーッと全部集めてしまうというオタッキー（死語）な性格であることは自覚していた。当時（78年12月頃）ワーナーで、レッド・ツェッペリンとディープ・パープルとイエスの全アルバムが2000円の廉価盤で出た。2500円の時代に、一枚につき500円安いのはかなりデカい。どれにしようかちょっと悩んだ末に、文化祭などで演奏する同級生も多く、わかりやすいギター・リフ——というよりもリッチー・ブラックモアの人気が高かったこともあり、ディープ・パープルを選んだ。今思うと、「選んだ」というよりも「選んじゃった」という感じだ。今なら間違いなくレッド・ツェッペリンにする。

結局、79年1月から2月にかけてディープ・パープルのオリジナル最後のアルバム『カム・テイスト・ザ・バンド』（75年）まで全部買い、ブート（『パークス・アンド・ティィット』など）

にも手を伸ばし、レインボーやキャプテン・ビヨンドまで聴いた。関連アルバムでは、ロジャー・グローヴァーの『バタフライ・ボール』(74年)は、ブリティッシュな香りがあって、今でも気に入っている。

そんなオタッキーな性格が災いしてか、自分で買ったリアルタイムのアルバムに関しては総じて遅く、レッド・ツェッペリンは『イン・スルー・ジ・アウト・ドア』(79年)、イエスは『こわれもの』(71年)、他にクイーンは『ジャズ』(78年)からだった(レコードはほとんど「ビートルズ」につぎ込んでいたということですね)。

ローリング・ストーンズ

とはいえ、ディープ・パープル以上に入れ込んでいたのは、ローリング・ストーンズだった。リアルタイムで買ったのは『サム・ガールズ』(78年)だったが、洋楽好きの同級生から『ブラック・アンド・ブルー』(76年)がいいと聞いていたし、それ以前にベスト盤的選曲のラジオ番組を録音して聴いたりはしていた。

ローリング・ストーンズの60年代(デッカ時代)の1500円の廉価盤がキングから出た

のは、ワーナーの2000円盤の前だった。ビートルズを集める以上の速さで、78年7月に、デビュー・アルバム『ザ・ローリング・ストーンズ』から最新作『サム・ガールズ』まで、ベスト盤・ライヴ盤・編集盤を含む計20枚を一気に買い、ビートルズと同じようにアタマから順に聴いていった。ビートルズ以上に長い時間をかけて。それで、デビュー・アルバム『ローリング・ストーンズ』から『ブラック・アンド・ブルー』や『ラヴ・ユー・ライヴ』(77年)までたどり着いたのは80年代に入ってからだった。『刺青の男』(81年)が出る前ぐらいだったかもしれない。となると4年ぐらいかけたことになる。『刺青の男』で最も気に入っていた「スレイヴ」が、『ブラック・アンド・ブルー』のアウトテイクだと知ったのは、だいぶ経ってからだった。ストーンズ関連は、メンバーのソロ・アルバム以外にも、ミック・ジャガーの弟のクリス・ジャガーのソロ・アルバムや、チャーリー・ワッツが関わったロケット88のジャズ・アルバムなども含め、91年の『フラッシュポイント』までは、ビートルズと同じような「集中力」であれこれ手を出していた。

「ビートルズとストーンズのどっちが好きか?」「ジョンとポールのどっちのファン?」というような、いかにもファン心理をくすぐるような問いかけを耳にすることがあるが、というわけで、個人的にはどっちも好き、である。

同じくキング・クリムゾンも、ロバート・フリップのギターの音色が好きだったので、ローチェス、トーキング・ヘッズ、ブロンディ、ピーター・ハミル、コリン・スコット、ウォルター・ステディングなどの参加／プロデュース作も、あちこち探しながら、片っ端から購入していった。思えば、デヴィッド・ボウイやブライアン・イーノのアルバムを買うようになったのも、そうした流れがあったからだ。

……とこのように、個人的嗜好（志向）は、「結果的に」なのかもしれないけれど、かなりブリティッシュ寄りではあったが、アメリカン・ロックに関してはビリー・ジョエルやダン・フォーゲルパーク、サイモンとガーファンクルなどのレコードは探しまくり、特にビリー・ジョエルは長い間追っかけ続けていた。

レコード屋をすべて見切る

ビートルズのレコード収集で、オフィシャル盤（主に日本盤）や海賊盤（主にスタジオ・セッション）と並んでもうひとつ「大きな柱」となったのが、メンバーの関与したレコードだ。

ビートルズ時代・解散後を問わず、「他人に提供した曲・演奏に参加した曲・プロデュースした曲」が収録されたレコード収集である。資料として最も役に立ったのは、77年頃には手に入れていた香月さんの『ビートルズ事典』だった。79年に東芝EMIから発売された編集盤『ザ・ソング・オブ・レノン&マッカートニー』（ジョンとポールが他人に提供した曲をほぼ網羅したアルバム）が、「参加レコード」を集める意欲を後押しした。有名どころはある程度手に入ったが、80年代に「関連レコード」が網羅された画期的な洋書――『ALL TOGETHER NOW』と『THE END OF THE BEATLES』を買ったら、存在すら知らない盤がまだまだあることがわかった。バッドフィンガーの『ウィッシュ・ユー・ワー・ヒア』と同じかそれ以上にほじくり甲斐のある盤を、その後、何年もかけて苦労しながらあれこれ手に入れていった。

その際、「A〜Z」あるいは「ア〜ワ」まで、参加アーティストを網羅した手書きのリストを作り、洋楽を扱っているレコード屋ですべてを見る（見切る）のだ。新宿ではディスクロードや、開店まもないUKエジソン、バッドフィンガーを見つけたウッドストック、それにロックワークショップやディスクユニオンなどに頻繁に足を運んだ。インターネットでの購入など遥か彼方の時代だったので、すべて「足で稼ぐ」しかないのだ。

なかなか手に入れられなかったレコードを見つけた時の喜びは大きかったが、値段を見てがっかり、ということもたびたびあった。そうした中で、参加ものではないが、手を出す前に見つからなくなったジョンとヨーコの『ウェディング・アルバム』は「フォーエバー帯」じゃないボックスを2万4000円で買った（89年9月7日）。これが、80年代の「最高額」だった。

もうひとつ、レコード以外の大きな柱は、いわゆる「紙類」だ。書籍・雑誌・写真集など、ビートルズにまつわるものが、当時は（今以上に）大量に出版・刊行されていた。解散からまだ5年ほどしか経っていない時代で、しかも「いつ再結成するのか？」などという話題も頻繁に出ていたから、「ビートルズ」への注目度はまだまだ高かった。雑誌などの表紙に「ビートルズ」の「ビ」の字があるだけで「パブロフの犬」のように条件反射的に購入していたし、『ミュージック・ライフ』以外にも『ロッキング・オン』などの音楽雑誌や『FM fan』『週刊ＦＭ』などのＦＭ雑誌も毎号買っていた。

70年代はいわゆる「外タレ」の来日公演が多かったが、とにかく家で「聴く派」だった

1979年10月末〜11月初め頃。都立目黒高校3年（昼休み）

ので、『ミュージック・ライフ』のグラビア・ページを眺めて満足していた。今思えば、見とけばよかったと思うライヴはたくさんあったけれど、ライヴ（外）よりもスタジオ（家）のほうがしっくりきたのかもしれない。

　そして、ついに初の〝外タレ〟公演に足を運ぶ機会に恵まれた。これまたなんと運のいいことだろうか。80年のウイングス初の日本公演である。

Disc 2

ポール・マッカートニーの
幻の日本公演と
ジョン・レノンの死

1980.1 / 1980.12

ビートルズでメシが食えたらいいなあ

ファンにはよく知られているように、1975年秋、予定されていたポール率いるウイングスの初の日本公演が、土壇場で中止となった。前章で書いたように、ビートルズのレコードを初めて買ったのは75年12月だったので、ウイングスの日本公演中止については、まだ関心がなかった——というよりも、ウイングスがポールのバンドで、ポールがビートルズのメンバーだったことも知らなかったんじゃないかと思う。

だが、80年の来日時は、もうすっかり「ビートルズ脳」になっていたから、いてもたってもいられなかった。公演は急に決まった印象があったが、ウドー音楽事務所が公表したのは79年12月11日だった。発表された公演日程は次のとおり——。

1／21（月）・22（火）・23（水）・24（木）東京・武道館大ホール
1／25（金）・26（土）名古屋・愛知県体育館
1／28（月）大阪・フェスティバルホール
1／29（火）大阪・大阪府立体育館

1／31（木）・2／1（金）・2（土）東京・武道館大ホール

80年1月というと、高校3年の卒業間際。同級生のほとんどが受験勉強に集中している時期だったが、高校3年になった時から早々と〝一浪〟すると決めていた。ありがたいことに、かなり〝自由〟な家で、自分で決めたことに関して「NO」と言われたことはほとんどない。全面的に応援してくれる、常に「YES」な環境だった。思えば、ジョンがヨーコと出会った時に「YES」の文字を見て救われた感覚に近い安心感が常にあったのかもしれない。恵まれているというしかない。

もうひとつ、「ビートルズの旅」をいまだに続けていることについて、この時に基点になったと自分で思うことがある。

「ビートルズでメシが食えたらいいなあ」

高校3年の時に漠然と、そんなことを思い浮かべていたのだ。人間的には皮肉屋のジョンとジョージが好きだが、生き方や考え方は、「まあ、何とかなるでしょ」というポールのような楽観的な姿勢がどこか性に合っている。その一方で、思い通りにいかないのが人生だとも思っていたので、その日その日を楽しく過ごすことを大事にすれば何とかなると、その頃から考えていたのかもしれない。これにしたって、あえて言葉にすれば、に過ぎないことだけれど、言ってみれば、〝レット・イット・ビー〟な人生というわけだ。ビートルズを知って5年でこんな心境になったのも、毎日ビートルズにどっぷり浸かっていたからにほかならない。来る日も来る日もビートルズ、である。知れば知るほど好きになる——その思いは40年後の現在でも変わらない。

幻の？80年ウイングス日本公演

さて、ポールの2度目の〝初来日公演〟はどうなったか。ここでも運が味方をしてくれた。表参道にあった招聘元のウドー音楽事務所が整理券を配っているところに、事務所近くのビクターに勤めていた兄が偶然出くわしたのだ。そんな幸運も手伝って、兄に整理券をまず取ってもらい、公演2日目から4日目まで——1月22日（S席）、23日（A席）、24日（A席）と、最終公演の2月2日（A席）の東京公演計4回のチケットを代わりに購入してもらった。

〃外タレ〃初のライヴ——しかもポール・マッカートニーが観られる！　〃一浪〃を許されない環境だったら、ポールの日本公演はあきらめざるを得なかっただろう。

　そして1月16日の14時58分。ポールが家族やギタリストのローレンス・ジュバーらとともに成田空港に到着した。2歳のジェイムズを抱えたポールは「ピース&ラヴ」「相撲をぜひ観たい」と上機嫌に答えた。当時の相撲界は4横綱（輪島・北の湖・三重ノ海・若乃花）、1大関（貴ノ花）時代で、東京・蔵前国技館での昭和55年初場所は1月6日〜20日まで開催されたので、ポールは17日〜20日の終盤4日間のいずれかを観戦する可能性もあったかもしれない。

　……と、今はこうして淡々と書いているが、これらの情報はすべて後から知ったものだ。「その日」にすぐにわかったことは、ここで言うまでもない。「大麻不法所持の現行犯でポールが逮捕された」ということだ。

ウイングス“初来日公演”のチケット（1980年2月2日）とプログラム

「ええーっ‼　なんでまた……」と、ほぼ絶句状態だったが、気を取り直し、ニュースを観まくり、見つけた新聞や雑誌はすべて買いまくった。中でも最も面白かったのは、そうした記事やテレビの報道をまとめた『ポール・マッカートニー・ニュース・コレクション』（80年／やじろべい社）だった。

ポールはその後しばらく、自宅からわりと近い中目黒の麻薬取調官事務所で「クサイメシ」を食わされていたが、もともと〝ミーハー精神〟がないため、そこに行こうという気は起こらなかった。「もう寝てるかな？」とか「よく眠れたかな？」と思ったりはしたものの、「眠れるかい？」とは思わなかった。

こうして〝はじレコ〟ならぬ〝はじライヴ（はじライ？）〟はポール、という夢は叶わずに終わった。とはいえ、初の〝外タレライヴ〟については、より正確に書くと、これ以前に一度、生演奏を目の前で観たことが実はあった。79年7月27日に品川プリンスホテル内のゴールドホールで観たビートルマニアのショーである。ビートルマニアは、ニューヨークのブロードウェイで人気を得ていたショーで、ビートルズのデビューから解散までの名曲をトリビュート・バンドが再現するという、この手のショーの走りと言えるものだった。

ビートルズの日本公演のいわば疑似体験としても存分に楽しめた。

その後、幻のウイングス公演から2ヵ月後となる3月18日に、早くも外タレの初ライヴに足を運ぶことができた。日本武道館でのアバである。これもアバのレコードがビクターから出ていたので、その関わりで兄にチケットを取ってもらった。小学校の時に、武道館での剣道大会に一度だけ出たことがあったが、ビートルズがライヴをやった場所にいる、と実感したのは、このアバのコンサートが初めてのことだった。

晴れて?浪人生活に

先ほど「早々と〝一浪〟すると決めていた」と書いたが。「〝一浪〟する」というだけではなく、〝二浪〟は絶対にしないという、さらにわけのわからない目標（?）も同時に立てていた。なんとなく自由な雰囲気を感じていたのか、早稲田大学に行きたいと思っていた。それで「現役」の時に早稲田だけを受けてみた。文学部と教育学部を「絶対に受かるんじゃない!」と思いながら、である。来年のためのリハーサルで、雰囲気だけ味わっておこうと、そんな気分だった。

勉強をロクにしていないのだから受かるわけもなく、こうして晴れて（?）浪人生活に突入し、早稲田大学に近いという理由だけで高田馬場にあった弱小予備校に入った。だが、真面目に行ったのは4月だけで、あとは麻雀ばっかりやって遊んでいた。人生をなめているとしかいいようがない。

〝浪人中〟にももちろんビートルズは聴き続けた。ポールの「カミング・アップ」のプロモーション・ヴィデオは最高だったし、息子ショーンの子育てを中心に主夫時代を過ごしていたジョンの音楽活動再開の情報も飛び込んできた。『ロッキング・オン』の80年11月号に掲載されたジョンの精悍な表情を見て期待が増したし、ラジオ関東の『全米トップ40』で湯川れい子さんがいち早く流した新曲「スターティング・オーヴァー」を聴いて、開放的なエネルギーに満ち溢れたジョンの瑞々しい歌声に、アルバムへの期待も高まった。

マラソンよりも100メートル走のほうが肌に合う――足に合うといったほうがいいか――というのと同じ意味合いで、もともと何かを計画的に進めることが苦手で、短期間に一気にやり遂げるほうが向いているし、追い込まれないとやらない性格でもあるので、一浪後の受験勉強は、遅々として進まずだった。とはいえ、絶対に二浪はしたくないから、

「よし、今日から真面目にやろう！」とようやく改心し、家から近い祐天寺の守屋図書館にチャリで行き、朝の10時から集中して勉強した。2ヵ月は優にあるからまあ何とか受かるだろうという、〝ポール的〟思考がここでも発揮されたわけだが、脳ミソはビートルズと麻雀ぐらいにしか使っていなかったから、さすがに集中しすぎてくたくただった。

ジョン・レノンの死

ここでさらに大きな「ビートルズ的転機」が訪れることになる。

家に帰ってきたら、テレビでちょうどＮＨＫの7時のニュースをやっていた。7時8分ぐらいだったんじゃないかと思う。ふと画面を見たら、目に飛び込んできたのはこの9文字だった。

「ジョン・レノン射殺」

勉強を（真面目に）始めた日にジョン・レノンが死んじゃったよ！

いきなり涙が出てきたのは生まれて初めてのことで、それにも自分でびっくりした。すぐにシャワーを浴びて家を飛び出したことは覚えているが、そのあとの記憶はほとんどない。すっかり腑抜けになってしまった。「くたくたジャガー」という、明治製菓のお菓子の景品で当たる動物の人形が流行ったことがあるが（調べたら74年のことで、実際に応募したら当たったので、家で可愛がっていた）、まさにそんな感じ。80年12月9日以降は、すっかり「骨抜き人間」と化していた。

そんな腑抜け状態から何とか抜け出したのは1月中旬。二浪は絶対にしないと決めていたんだから、1ヵ月で何とかしようと心を入れ替えたが、1ヵ月で何とかなるでしょうという楽観的な気分にはさすがになれなかった。結局、5つの大学を受けて、運良く1つだけ引っかかった（受かったというのとは程遠い気分だった）。当然のように早稲田は落ちたが、二浪はしなくて済んだから、とりあえずほっとした。

ポールの日本公演中止の時と同じく、ジョンが亡くなった時も新聞や雑誌を、目につく限り買いまくったが、12月10日の日刊スポーツにこんな記事が掲載された。

「（81年）3月4日初日の東京・日本武道館公演5回と大阪を中心に、ヨーコ夫人の『広島・京都でもやりたい』との希望も入れて10回の全国公演を予定。あとはレノン側からのGOサインが出るのを待つばかりだった。OKが出次第、年内にも発表。チケット発売をする手はずだった」

ああ、ポールに続いてジョンの日本公演はこうして幻に終わった……。幻に終わったのは日本公演だけではない。「ビートルズ」の再結成も夢に終わってしまったのだ。

目黒の「珈琲男爵」

大学生活がこれからいよいよ始まる。ということで、バイトもそろそろちゃんと始めようと決めた。珈琲好きだったので、喫茶店がいいかと思い、「アルバイト・ニュース」で候補の店を探した（「フロムエー」は82年創刊だった）。最終的に目黒の「珈琲男爵」と「珈琲野郎」に絞り、81年3月から珈琲男爵という、できて間もないライヴハウス「鹿鳴館」の数軒上にある珈琲屋でバイトを始めた。そうしたら、大学よりもそっちのほうが圧倒的に面白くなった。最初は夕方5時から11時半までやっていたが、そのうち2時から入るようになった。そうなると大学にはほとんど行かなくなる。後々思うと、この時の「水商売」の経験が編集に活きた。これを作って間にこれをやって、という時間の使い方や、お客さんとの間合いや距離感を学ぶのにも「現場」での経験は欠かせないものだった。

珈琲男爵の2階のカウンターにて（1982年3月7日）

珈琲男爵のコースター

もうひとつ、高校の時にこんなことも決めていた。

「30歳になったらちゃんと仕事を始めよう」

これは「ビートルズでメシを食えれば」という思いよりも確固たるものだった。ジョンが亡くなる直前にリンゴにプレゼントした「ライフ・ビギンズ・アット・フォーティ」という曲があるが（ジョンとリンゴはその時40歳だった）、さしずめ〝ライフ・ビギンズ・アット・サーティ〟といったところだ。「20代が花」というか、「若い」うちにあれこれ経験しようと思っていた。自宅住まいだったこともあり、バイトで稼いだ金はほぼすべてレコードや本につぎ込み、かなりきわどい、ギリギリの生活をしていた。

珈琲男爵では、武蔵小山に住んでいた面倒見のいい2つ上の人とよくツルんでいた。そして、そういうウマの合う仲間に、好きそうな曲を入れたカセットテープを作ってあげていた。ブラコン好きのそのバイト仲間には、当時流行っていたピーチズ&ハーブの「リユナイテッド」やスモーキー・ロビンソンの「ビーイング・ウィズ・ユー」などを入れたやつを定期的に渡した。NHK-FMの石田豊さんの番組『リクエスト・コーナー』は、ビルボートのトップ100の曲の中から、最初から最後までフェイドアウトなしにかけるありがたい番組だったので、毎週録音していた。湯川れい子さんの『全米トップ40』で聴いて気に入った曲を石田豊さんの番組で録音するという流れだ。ビートルズ以外の流行りの曲は、そうして手元に集まってきたのだった。知り合いに渡していたカセットテープは、それらの曲から選んでダビングしたもので、ルーズリーフの紙に曲目と、下に600字ぐらいのコメントを書いてカセットに挟んで渡した。

もちろん「ビートルズのカセット」も、テーマを決めてたくさん作った。たとえば、78年3月に日本で制作されたボブ・ディランの編集盤『傑作』に倣って、ビートルズ『傑作』と名付けたカセットが手元に数本ある。曲名を見ると、「イントロ集」「カウント集」「インスト集」「エンディング集」「ショートバージョン集」「ウォーラス集」などと書かれている。「ショートバージョン集」は、ビートルズの全213曲の超短縮版だ。40秒で終わる「ラヴ・ミー・ドゥ」と20秒で終わる「ひとりぼっちのあいつ」を試しに作って聴いたら、かなり面白い。それで「アイル・ゲット・ユー」「アイル・フォロー・ザ・サン」「ホエン・アイム・シックスティ・フォー」「ビコーズ」にも挑み、さらに本腰を入れて「P.S.アイ・ラヴ・ユー」から順に始めていったが、あまりにもたいへんなので20曲ぐらいで挫折してしまった。何せLPをかけながらの作業なので、デッキの録音ボタンを押すタイミングは、カンに頼らざるを得ない。「今だ！」とばかりに録音ボタンを押すのだ。他にも、ビートルズやソロの曲のカウントだけを続けて録音する、というのもやってみた。「アイ・ソー・ハー・スタンディング・ゼア」や「タックスマン」や「サージェント・ペパーズ・ロンリー・ハーツ・クラブ・バンド（リプリーズ）」や「グッドナイト・ウィーン」や「オー・マイ・マイ」などなど。「オール・トゥゲザー・ナウ」も入れたかもしれない。1回でうまく繋げるのは至難の業なので、録音しては聴き、何度も録り直し、うまくいったら次の曲に進む、という具合だ。ちなみに「ウォーラス集」は、「アイ・アム・ザ・ウォルラス」「グラス・オニオン」「ゴッド」でジョンが歌う「ウォーラスだけ」を入れた他愛のないものである。

青春のカセット作り

カセット作りについて、もうひとつ思い出したことがある。ポールの日本公演が中止になったのなら、実際にどんなステージになったのかを再現してみようと思い立ったのだ。79年のイギリス・ツアーの演奏曲は、海賊盤その他ですでに知っていたので、その曲順通りに録音していくことにした。とはいえ、レコードの音をそのまま入れただけでは面白くない。そこで、ライヴ盤の歓声だけを別に長々と繋げて録音し、その音を再生しながら、たとえば1曲目の「ゴット・トゥ・ゲット・ユー・イントゥ・マイ・ライフ」を同時にかけて、歓声と曲が絡み合った音を別に生録した。曲が終わる時には、もちろん歓声を大きくするのだ。たしか46分テープぐらいのものを作ったと思う。

ラジオだけでなくテレビの音楽番組も録画をし、ビートルズ関連のニュースも、出てきたらすぐに録画ボタンを押し、あとで編集する、なんていうことも「カセット作り」と同じようにやっていた。気づくと朝になっていることも多く、昼夜逆転人生が長らく続いた。

80年代前半（20代前半）は、こういうアホくさいことをやりながら毎日楽しく過ごしていた。84年の大学4年の時には教育実習にもとりあえず行ったが、地元の中学の教壇に立った瞬間、「これは無理だ……」と思ってしまった。40人なんてとてもまとめられない、ごめんなさい、という感じだった。1対40じゃなくて1対1で向き合おうとしたからだが、考えが甘かった。しかも日誌も書かず、担当の先生に「そういう主義もあると思いますが……」と皮肉を言われながら、本当に書かないで終わらせてしまった。

大学4年になると〝リクルート・スーツ〟を着て就職活動をするというのも自分に合わないと思っていたので、みんなが勉強してる時に麻雀をやったりして遊んでいた。「自分の目は自分にしか覚ますことができない」というジョン・レノンの言葉を、無邪気にも実践したい気分になっていただけだったのかもしれない。

ジョン・レノン的に断る

一方、ビートルズと同じぐらい相撲も好きだったので、『ビートルズ革命』や『ビートルズ派手にやれ！』を出していた草思社と、『相撲』を出していたベースボール・マガジン社を、大学4年の時に受けた。ベースボール・マガジン社にはちょっとしたコネがあった。NHKの相撲アナウンサーの兄のクラシック評論家が、私の義理の兄（オペラ演出家の三谷礼二）と繋がりがあり、その縁で、クラシック系の編プロで編集の手伝いを大学4年の時に数ヵ月していた。その程度のことでも「編集経験あり」と思われたのか、ベースボール・マガジン社は最後の2人まで残った。それでそのアナウンサーの兄に、「こう書いたら受かるから」と言われたのに、断ってしまった。頼んだのはこっちなのに、ヘンにジョン・レノン的な、自分のことは自分でやるという意識があったのだろう。コネを頼っているのに「やっぱり実力で勝負だよな」とか思って……。「いずれわかる日が来るから」とそのアナウンサーの兄に（当然のように）言われ、冗談抜きに「あいすません」と謝罪したい気分だった。当然、落ちるわけだが、これにはオチがある――と言うのもなんだが、もし入っていても、大学を留年したからダメだったという……。

もしあのときにどちらかの出版社に入っていたら、その後の人生はどうなっていただろうか。本作りに関わっていたとは思うけれど、ビートルズ関連の「仕事」がここまでできていた可能性は極めて低いだろう。

ビートルズ・シネ・クラブ会報

短期のバイトなどもしながら無為な時間を過ごしているうちに年齢も20代後半に入ってきたので、そろそろ自分から動こうと決めた。そこで、数年前にようやく入ったビートルズ・シネ・クラブの会報の連載記事「海賊盤研究シリーズ」に載ればいいなと思って、ファンクラブに自発的に手紙を送った。その際、カセットを人に渡すのと同じ感覚で、(原稿用紙ではなく)ルーズリーフにすでに書いてあった文章のコピーも添えた。高田馬場に「GET BACK」というビートルズ専門店ができたこともあり、81年以降は西新宿だけでなく高田馬場や移転後の原宿にもよく足を運び、海賊盤は変わらず漁っていたから、海賊盤の連載記事があるのはうってつけでもあった。

手紙を書いたのは87年5月14日の夜中の3時5分から4時で、清書は5月24日の昼12時から2時だった。なぜそこまでわかるかというと、こちらも今回、自宅の倉庫からその手紙のコピーが〝発掘〟されたからだ(書いた時間まで記しているオタクぶりがすさまじい)。計3ページの文面を34年ぶりに見返してみたら、こんな一文があった。

「自分の性格上、仕事を仕事と割り切ること——極言すれば、仕事を金を得る手段ととらえること——ができず、自分が一生求めていけるものがそのまま自分の仕事になればいいと常々思っていますし、『ビートルズ』を一つの趣味として終わらせたくはありません。たとえどんな仕事をするにせよ、それがビートルズと関わりのないものであるならば、その仕事をしている間は自分が本当にやりたいと思っていること（ビートルズに関係のある仕事）を後に後にと延ばししているような気がしてしまうのです」

ビートルズへの思い入れの強さ以上に、25歳の〝切羽詰まった自分〟が目に浮かんでくる。そうしたら、会報の編集長の広田寛治さんが面白いと言ってくれて、87年11月号の海賊盤レビューをすべて一人で書かせてもらうことになった。

計4ページ、書いたのは次の4枚である。

・JOHN PAUL GEORGE AND STU/ LIVERPOOL MAY 1960
・THE BEATLES/THE REAL CASE HAS JUST BEGUN
・PAUL McCARTNEY & WINGS/EGGS UP
・THE BEATLES/IT WAS 20 YEARS AGO TODAY

「ビートルズ・サウンド研究会」という名義ではあったものの、これが公に書いたビートルズの最初の原稿だった。そんな中で、これぞ海賊盤とも言える画期的な『LIVERPOOL MAY 1960』についての33年前の原稿を、曲名などは補足を加えて以下に——。

LIVERPOOL MAY 1960

SIDE A　①I'll Follow The Sun　②Inst.（Long Rambling Blues Sequence）　③Inst.（Blues And Roll Expectations）

SIDE B　①Hallelujah, I Love Her So　②Inst.（That's Not A Banjo, It's A Blues Guitar）　③Inst.（Dreaming Old Mississippi Blues）　④Inst.（Cold As Ice/Elvis' Nightmare）

SIDE C　①曲名不明（Oh Pretty Darling）　②The One After 909　③Brown-Eyed Handsome Man（Moovin 'N' Grovin/Ramrod）　④Inst.（Screaming Guitar Blues）

SIDE D　①Inst.（Shuffle Boogie Blues）　②曲名不明（Wildcat）

歴史的なセッション物の登場。時は'60年5月。グループ名を〝シルバー・ビートルズ〟に変える直前の、おそらくスチュアート・サトクリフが参加しているものでは唯一の音源であろうと思われる貴重なセッションの模様を収めたテープが、２枚組の海賊盤として発売された。ジャケットの裏のコメントにあるように、フィリップ・ノーマンの『シャウト』にはこのテープの存在について書かれているので、遅くとも'81年にはこの海賊盤に収録されたオリジナル・テープをフィリップ・ノーマンは聴いていたのだろう。全体的にはブルースっぽいインストが多く、それをまとまりのない演奏で延々とやっているのでやや散漫な印象を受けるが、'60年といえばまだグループとしては方向性の定まっていない時期であり、このセッション自体、ギターの上達やグループのまとまりの度合いを計るために流し録りされたものであることを考え合わせれば、その点は致し方のないところだといえる。

全部で13曲が収められたこのレコードの中でも特に興味をそそるのは、何といってもＡ①〈I'll Follow The Sun〉、Ｃ②〈The One After 909〉の２曲のビートルズ・ナンバー。Ａ①については、'80年の「プレイボーイ」インタビューでジョンが「きっとビートルズ以前に書いたんじゃないかと思う」と回想していたように、この曲はポールが10代に書いたもので、聴くと一瞬「オヤッ?」と思うが、演奏されている曲はまさしく"I'll Follow The Sun"だ。ただしサビのメロディと歌詞は正規盤と異なり、サビへとつながる曲の流れは正規盤ほどスムーズではなく、どこかしらエバリー・ブラザーズの影響が伺える出来になっている。C②は収録曲中もっともまとまりのある演奏となっており、「LET IT BE」収録テイクのノリに驚くほどよく似ている。とても力強い演奏だ。他にも「スター・クラブ」で演奏された"Hallelujah I Love Her So"（B①）や、チャック・ベリーの"Brown-Eyed Handsome Man"（C③）などのスタンダードが含まれており、（この後に続く'61年6月のトニー・シェリダンのバック・バンドでの演奏を始めとし、ピート・ベストの'62年1月の「デッカ・オーディション」と'62年6月の「EMI・オーディション」、さらにリンゴが加わってからの'62年12月の「スター・クラブ」でのライブ演奏と）徐々に形になっていったメンバーの連帯感やそれぞれの腕前を知る上にもこのレコードは貴重なものとなるだろう。まあ何はともあれジョン、ポール、ジョージ、スチュという10代の若きロッカーたちが、暗中模索の状態を続けながらも互いに腕を磨き合っていたという、それまでは文献の上でしか知ることのできなかった事実を、27年経ったいまこうして一つの音として聴くことができるということは全くもって驚くべきことであり、"SESSIONS"とはまた別の意味でこの海賊盤は歴史的な一枚である。

いかにもなブート・レビューだと久しぶりに読んでみて思ったが、これはこれで、（西新宿に通い詰めた）熱意が形になった最初の「場面」でもあった。リヴァプールのフォースリン・ロードにあるポールの自宅で録音されたというこの貴重な音源の数曲は、その後『ANTHOLOGY』シリーズのCDとDVDにも収録されたのだから、こうした発掘音源はやはり侮れない。

その後も会報では「月一」で海賊盤のページを担当していたが、88年に入り、『Roots Of The Beatles』というカセットブックを作ることになり、その冊子も丸ごと書かせてもらった。ビートルズがカヴァーした24曲を、オリジナル・アーティストとの比較を交えて考察した原稿で、オリジナル24曲を収めたカセットとともに会員に売る、といった内容だった。原稿は、アーサー・アレキサンダーの「アンナ」からラリー・ウィリアムズの「バッド・ボーイ」まで頭から順に書いていった。「アンナ」は、こんな内容である。

ジョンお気に入りの黒人シンガー、アーサー・アレキサンダーが62年9月に発表した曲。

オリジナルは、オーケストラ・アレンジに女声コーラスを加えた典型的なソウルバラード。ビートルズのカバー・バージョンでは、オリジナルで聴かれるピアノのリフをギターに置き換え、ジョージとポールのコーラスをはっきりさせることにより、ジョンの力強いリード・ボーカルとの対比を明確にし、オリジナルにはない荒削りなサウンド作りに成功している。ハイハットを使ったリンゴ独特のドラミングと、ジョンの正確なリズムギター演奏も見逃せない。失恋した男の嫉妬心を歌った歌詞もまたジョンのお気に入りだったようで、のちの"This Boy"や"I'm A loser"へとつながる内容を持った曲として興味深い。ここで注目したいのは、「(指輪を返してくれたら)君はもう自由だよ」という皮肉のこもった言い回しを、オリジナルでは"Darling, you'll be free"と表現しているのに対し、ジョンはすべて"I will set you free"と変えている点である。「自由にさせてやる」というニュアンスを持ったジョンの表現には、相手をつなぎとめておきたいジョンの嫉妬心がオリジナル以上に強く感じられるのだ。また、"To love me like I love you"(僕が君を愛するように僕を愛してくれよ)という歌詞には"Please Please Me"で歌われた"(Please) Please me like I please you"への影響も伺える。

続いて88年5月頃に広田さんから今度は『サウンドブック』の依頼があった。1冊目は「スタジオ・セッション篇」。内容は、会報の連載を膨らませてビートルズの海賊盤を体系的にまとめたもので、32ページのカセットブックの冊子とは違い、最終的に84ページの、まとまった1冊に仕上がった。

そして、『サウンドブック』の原稿を書き終える直前に、ひょんなことから初めて海外に行くことになったのである。

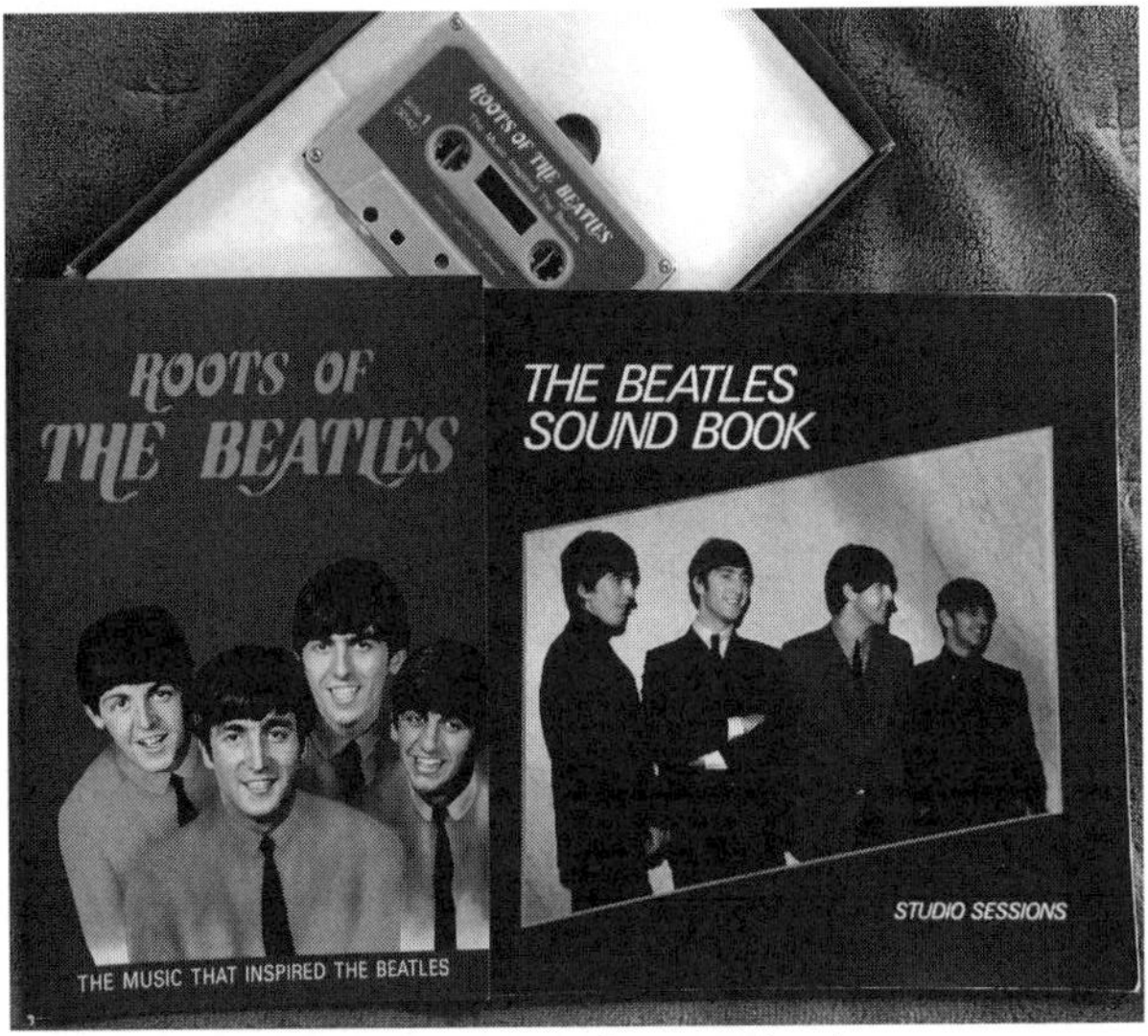

カセットブック『Roots Of The Beatles』と『サウンドブック』

Disc 3

初の海外旅行は
ロンドン&リヴァプール

1988.7

ビートルズ・ファンには、イギリス（リヴァプールやロンドン）に「行きたい派」と「行きたくない派」がある。前者は「ビートルズが生まれ育った町や、実際に活動した場所をこの目で見てみたい」、後者は「ビートルズに対する自分のイメージを大切にしたい」――理由は概ね、そんなところだろう。もちろん、時間的・金銭的・体力的に行くのが難しいというファンも大勢いる。

私は（言うでもなく）「行きたい派」だが、積極的にというよりは、いずれ機会があったら……と漠然と考えていた。

家が自由な環境だったことは前章に書いた。父は6歳の時に亡くなったので、小学校1年の1学期が終わったあと（68年8月頃）に祖母が住む東京・目黒区に、母・姉・兄3人（私はいちばん下の四男）の6人で引っ越した（最寄り駅は目蒲線＝現目黒線・西小山駅）。

すぐ上の兄は、20代半ばに「独立宣言」というハガキを母に送り、上石神井で一人暮らしを始めたが、今度はロンドンに行き、「観光ビザ」で半年ほど一人暮らしをするという。そうして兄は、1988年5月17日からロンドンの北部にあるハイゲートという町のフラットを間借りして、一人暮らしを始めた。

そんな経緯もあり、これはいい機会だと思い、母と伯母に声をかけた――「一緒に行こうか」と。母と伯母が兄の顔を見て安心するだろうとも思っていた。こうして7月にイギリスに行くことになった。海外に行くのはこれが初めてである。「初ライヴ」はウイングスにならなかったが、「初海外」がビートルズゆかりの地になったのはやはり嬉しい。

今回、本書を書くにあたってあれこれ探しまくったところ、母が作った「旅行記念アルバム」や兄が撮った写真などが出てきて、日程などの詳細がわかった。初のイギリス・ツアーは88年7月7日から24日までの18日間。成田空港からアムステルダム経由で行き、バンコク経由で帰国した。

もうひとつ、帰国後まもない時期に書いた「オレのロンドン日記」という、タイトルからして青臭い未完の旅行記も見つかった。ホテルの部屋で一気に書き、帰国後に「清書」しながら細かい箇所に手を入れていったような気もするが、いずれにしても、ワープロ（富士通のオアシス）で書いて、感熱紙に印刷したものを普通紙にコピーした計8枚、7000字ほどの文章だ。

久しぶりに読んでみて思い出したが、ちょうどその時期は、ビートルズのファンクラブの会報で原稿を書き始めて半年以上経ち、『サウンドブック』の原稿書きの真っ最中だった。1冊まとまった本を初めて書いているのがよほど嬉しかったのか、ところどころ気張った文章に「しょうもなさ」が漂うが、その一方で、「日本以外の場所」を初めて訪れた、その時にしか感じ得ない想いは正直に出ているとは思う。

ということで、「オレのロンドン日記」の全文を、32年ぶりにパソコン（ヒューレットパッカードのエンヴィ）で打ち込んでみた。

「オレのロンドン日記」

第1章

―その1― イギリス到着まで（ビートルズとともに）

オレの旅は成田より始まる。といっても『残業』（注1）を片付けなければ始まる旅も始まらない。自宅でも武蔵小山のジョナサン（注2）でも空港のロビーでも機内でも、どこにいようともやるべきことをやるだけという状況は変わらず、その時はたまたま成田空港に、そしてタイ航空の機内にオレはいたというカンジだった。まさに『NOWHERE MAN』（注3）そのものというわけだ。

機内ではとにかくメシメシメシ。たいていの人は『寝る―メシ―寝る―メシ―寝る

―メシ⇩太る』という流れをたどることになっていたが。オレはといえば『書く―メシ―書く―メシ―書く―メシ―⇩寝る』という流れで、約4時間後にバンコクに着いた。

搭乗券を受け取るのに少し手間取ったため（注4）、待ち時間は約2時間となる。その間もオレは『NOWHERE MAN』だ。日本とバンコクとの時差は2時間。ロンドン行きは現地時間で夜中の1時半発の予定である。乗る時間になったが、まだ原稿書きは終わらない。再び機内に『仕事』を持ち込み、『書く―メシ』パターンを繰り返す。食ってばかりだ。

そうするうちに知らぬ間に寝てしまい、気がつくと外にはお陽さまがのぼっている。『HERE COMES THE SUN』（注5）だ。雲と太陽との対比がとても美しかった。

『どこか』に到着する。ロンドンに着くにはまだ3時間ほどあるはずだと思いながらも降りる人が結構いるので、タイ航空のおじさんに聞いてみた。ここはどこかと。

まだロンドンではなかった。ここはアムステルダムで、ロンドンにはあと1時間で着くという。こっちは書くことに夢中で全く気がつかなかったが、気づいて回りを見てみると、さっき降りたはずの1／3ぐらいの人が再び座席に着いていた。こうしてアムステルダムの『観光』は機内からの眺めだけで終わった。

ロンドン・ヒースロー空港へと向かう。ビートルズも降り立ったところだ。そんなことはどうでもいいか。予定では午前8時に到着するはずだったが、30分早く朝の7時半にヒースロー空港に着いた。『エイリアン』（注6）（よそ者）は別口ということで、入国審査を受けるのを待つ。あっという間に「入国よし」のスタンプを押され、税関もすぐに通り抜けられた。

まさにロンドン。2階建てバスがすぐ目に入り、『A DAY IN THE LIFE』の歌詞が思わず頭に浮かぶ（注7）。ふだんの生活が生活だから『時差ボケ』が全くないのがオレの強みだ。調子がとても良い。

とにかくビートルズとともに（注8）、いやビートルズの原稿とともにロンドンに着いたというわけだ。

―その2― イギリスでの生活❶（その始まり）

まず地下鉄に乗る（注9）。ポール・マッカートニーの『PRESS』のビデオ（注10）に出てきた地下鉄だ。汚くて狭い。日本の地下鉄は座席の前の吊り革に背中合わせに2人が立てるだけの十分な空間があるが、イギリスのは1人が精一杯だろう。旅行カバンを前に置いたら1人もまず無理だ。しかし、『忘れ物のございませんように』だとか『危ないですから』だとかいうアナウンスはないし、笛やベルも鳴らないので、物音がほとんどしない。ドアも勝手に開いて勝手に閉まる。騒音を伴う日本の地下鉄などでの駅員の『サービス』（注11）が全くないのがとにかくうれしい。駅名がわからなければ自分で調べればいい、つまり各人がすべて自分の責任において行動するという生き方＝良い意味での個人主義（注12）が発達している、というわけだ。

ヒースロー空港から出ているピカデリー・ラインは銀座線と同じく最初は地上を走る地下鉄なので、窓の外にレンガ造りの家並と広い青空が広がっているのを目にすることができる。イギリスの空は東京の空にソックリだった（注13）。

予約したホテルは、ヒースロー空港から約90分北東へのぼったロンドン北部のはずれのハイゲートという所にある。日本でいうと（※ロンドンを東京になぞらえると）ちょうど赤羽あたりになるか。自然が多い。道路の両脇はほとんど木々で埋まっているくらいだ。イギリスには公営の駐車場がないのか、道路の両脇には所かまわず車が連なって駐まっている。交通も左側通行で、車は右ハンドルのものしか走っていない（注14）。ホテルに荷物を置いて、まずは円→ポンドへの両替を行なうため銀行に向かう。

やや肌寒い陽気であった。しかし天気は悪くない。

―その3― イギリスでの生活❷（両替事件）

すでに3時を回っている。銀行に着き、円をポンドに換えてくれと適当に言い、しばし待つ。1ポンド＝235円の相場であった。こちらにはチップという面倒臭い習

50ポンド紙幣2枚を入れたビニール袋

慣がある（注15）ので、小銭をまぜてもらおうと思い10ペンス（約23円。１ポンドは１００ペンス）を１００枚、50ペンス（約１１７円）を50枚入れてくれと頼んだ。『何か』を聞かれた（注16）のでもう一度10ペンスを１００枚と頼む。相手の若い女の銀行員が『Hundred?』と再び聞くので『Yes, please』（『ええ、お願いします』または『ああ。そうだ』）（注17）と再び返す。何故だかその銀行員は苦笑いしている。少し気になったがそのまま待つ。『WAIT』（注18）だ。

出てきたのは10ペンス１００枚（＝10ポンド）ではなく１００ポンド分の10ペンス、すなわち10ペンス１０００枚。それも袋入りであった。『Hundred?』は１００ポンドの意味だったということがその時わかった。日本で言うならさしずめ10円玉を１万円分というところだろう。こっちは賞金ドロボーのような思いでその袋を受け取る。ズシリと重い。『SHE'S SO HEAVY』（注19）だ。

それじゃイカンと思い直してまた両替を行なう。こうして、その重さはそっくりそのまま50ポンド紙幣2枚の軽さへと変わったのであった。メデタシメデタシ（注20）。

―その4― イギリス人の気質

4時を過ぎたのでメシ屋を探す。といってもほとんどない。いわゆるファースト・フード屋はマクドナルド・ケンタッキーと、ウィンピーというハンバーガー屋（注21）ぐらいしかなく、あとはイタリア・中国・インド料理の店が目につく程度だ。結局ホテルまで戻り、わりとしっかりしたイタリアン・レストランで好物のスパゲッティを食う。量が多い。あとでわかったことだが、だいたいどの店も冗談みたいに（注22）量が多い。イギリス人の腹具合がわかるというものだ。イギリス人はかなりの甘党でもある（注23）。

紅茶が主流の国だからか、コーヒーはまずい。水に鉄分（※というよりカルシウムやマグネシウム）が多く含まれているのとミルクが薄いのとがその原因だろう。何故だかアイス・コーヒーやアイス・ミルクはメニューにはない。あるのはファンタ・オレンジとコーラぐらいだ。しかし缶コーヒーやジュースの自動販売機は全くない。あるのは地下鉄の構内にあるガムとチョコレートの販売機ぐらいだ。しかしほとんど使いものにならない（注24）。トイレもほとんどない。言葉もほとんど通じない。

このように、物質面ではたしかに日本の方が便利だし手軽に何でも利用できるが、精神面ではイギリスの方が上だと思う。物質と精神との関連性を述べる場ではここはないので一言で言ってしまうと、イギリス（ロンドン）には人々の思いやりがある。日本でもそうであるように、大都市になればなるほど親切心がなくなるのが『ふつう』だが、イギリスでは自分のことは自分でやるという個人主義が発達している半面、他人に対する思いやりをかなりの人が持ち合わせているようだ。

たとえば、街角で『ガイドブック』を拡げてしばし眺めていると30秒もしないうちに誰かが声をかけて道案内をしてくれる。たとえばまた、地下鉄に乗る時にドアが閉まりそうだったら（ほとんど閉まりかけていても）誰かが手で押さえて中に入れてくれる（注25）。個人的な体験だけでなく、そういう光景をよく見かける。他人の『生き方』には全く干渉しないけれど、年齢・性別・外見を問わず困っている人がいたら手助けをするということがイギリスでは徹底しているように思う（注26）。ドアを開けて中に入る時、次の人のためにドアを押さえておくというのもそうだ。エスカレーターに乗る時、急ぐ人のために左側を空けておくというのもそれに通じることだ。いろんな国の人々が集まっているイギリスでは、お互いが助け合いながら生きているという印象が強い。

といっても日本と同じように差別や偏見はある（注27）。どこの国にも『いい人』や『わるい人』はいる。イギリスには『いい人』が多いということなのだろう。少なくとも日本よりは多い。また、よく言われる『すぐに謝るのは日本人だけだ』ということ（注28）を後に実感した（後述）。

ロンドンではよく小雨が降る。天気雨も多く、天候はかなり不順だ。風も強くほこりも多い。今年は特に天気がよくないそうで、夕方には必ずといっていいほど小雨がパラつく。ポール・マッカートニーの『LONDON TOWN』の一節にあるとおりの情景だ（注29）。しかし雨が小粒のせいか、傘をさす人は半分ぐらいしかいない。雨やどりをする人はいるが、あわてて駆け出す人はほとんどいない。『RAIN』の一節にあるとおりの情景ではない（注30）。イギリス人にはのんびり屋が多い。のんきなのだ。

パンク・ファッションで身を固めた若者も数多く目にするが、若い連中は全体的に活気がない（注31）。無口な若者が多いのは日本とそう変わらないのかもしれない。良く言えばイギリスの若者は『紳士的』だということになろうが、言葉を換えればただ『坊ちゃん』が多いということに過ぎない。黒人の方がパワーがある。

車の力が弱いせいか、信号を守る人がほとんどいないのもイギリスの際立った特徴だ。信号を無視して車にひかれたらひかれたヤツが悪いというわけで、自分の責任において行動するというイギリス人の気質がこのへんにも表われている。

―その5― イギリスでの生活❸（風呂とのたたかい／その始まり）

メシを食ってホテルに戻る（注32）。旅の疲れを癒そうと風呂に入る準備をする。ところが水しか出ない。こいつは困ったとフロントに文句を言いに行ったが、明日の朝には直るからとフロントのオヤジは言うので、仕方なくその日は我慢して寝ることにした。いや寝るわけにはいかない。まだ『仕事』が残っているのだ。しかし眠いものは眠い（注33）。それに疲れた（注34）。そう思っているうちに寝てしまった。

ロンドンの夜は短い。9時過ぎまでは明るいので、つい気を許すと朝がキツくなる。運良くパッと目が覚め、時計を見ると明け方の3時であった。早くも外はうっすらと明けかかっている。そのまま続きを書き続ける。間に軽い朝食をはさみ、この1ヵ月以上を費やした『仕事』を11時にやり終えた。

ビートルズに『別れ』を告げたところからイギリスの旅は始まることになるのだが、まだ余裕は全くない。まずは風呂のことを考えなければいけない。

—その6— イギリスでの生活❹（風呂とのたたかい／そのてんまつ）

ホテルでの2日目。夜になってもお湯が出ない。再びオヤジに聞くと、湯沸かし器（ボイラー）を直す人があと30分ぐらいで来るからそれまでは待ってくれと言う。『30 minutes?』と聞き返す。それで本当に直るのかと念を押すと『I hope so』（『だといいけど』または『早く風呂に入れるといいですね』）（注35）の返事だ。決して『I'm sorry』（『すまんす』）（注36）とは言わない。こっちは頭が異常にかゆい。ああこれは単なる時間延ばしだ（注37）とは思ったが、これで最後だという思いもあって再び我慢する。その間ジョン・レノンを聴いて待っていた（注38）。40分以上過ぎても水しか出ないので、再び再びフロントへ。が、オヤジはいない。かわりにお姉さんが立っている。『I SAW HER STANDING THERE』（注39）だ。どうなっているのか尋ねる。ボイラーの調子が悪いこととボイラーが小さいこととしか言わない。『SHE SAID SHE SAID』（注40）だ。それじゃ困るから部屋を変えてくれとオレは言った。部屋に来て実際に蛇口をひねって確かめてくれとも言った。『I SAID I

SAID』（注41）だ。しぶしぶ部屋にやって来た彼女は、風呂の窓からではなくちゃんとドアを開けて中に入った（注42）。水しか出ないことを確認し、彼女はいちおう別の部屋を開けてくれたが、風呂に入れない状況は変わらない。

それではと、再三オヤジと交渉する。オヤジは、すべての部屋がこのとおりだから明日の朝まで待ってくれと再び言う。きのうも同じことを言ったと問いつめると、オヤジは『I'm very sorry』と謝った（注43）。オヤジにしてみりゃ『YESTERDAY』の心境（注44）だったのだろうが、こっちはそうはいかない。しかしオレはあきらめ、『I'M SO TIRED』の一言を残して（注45）部屋に戻った。明日の朝には本当に風呂に入れるのだろうか…？　『TOMORROW NEVER KNOWS』（注46）だ。

結局、翌日の昼前にやっと風呂に入ることができた。原因は、やはり泊まり客全員のお湯を確保できないボイラーの『大きさ』にあった（注47）。

その後はオヤジともうまくいっている（注48）。体の汚れとともにすべては水に流れたというわけだ。イギリスの旅がこれから始まる。

（第1章おわり）

（第2章　予告）（注49）

その1　イギリスでの旅①（その始まり）

その2　イギリスでの旅②（ロンドン編）

その3　イギリスでの旅③（リバプール編）

その4　オレの英会話

その5　イギリスでの旅④（未来都市とアビーロード）

その6　イギリスでの日々（その終わり）

《注》

1 6月末までに終わらせるはずだったビートルズ関係の『執筆』。
2 自宅の近くにあるファミリー・レストラン。真夜中にそこで書きものをするとかなりはかどるので、よく利用している。
3 ビートルズの曲。『NOWHERE』は『NO-WHERE』(どこにもいない)とも『NOW-HERE』(ここにいる)ともなる。
4 それだけオレの英語が通じなかったということ。
5 ビートルズの曲。
6 何故かアメリカとカナダの人は『エイリアン』に含まれていない。
7 ビートルズの『A DAY IN THE LIFE』には、『バスの2階に駆け上がってタバコを一服』という歌詞が登場する。
8 ビートルズのセカンド・アルバム『WITH THE BEATLES』より。
9 乗り込むまでの距離がかなり長い。
10 『PRESS』はポール・マッカートニーが1986年に発表した曲。ビデオでは、10年ぶりに地下鉄に乗ったというポールの姿が映されている。
11 いわば、おせっかい。
12 利己主義や自分勝手ではないということ。
13 空の色と、空と雲との割合が似ていた。

14 日本と同じということ。

15 ホテルの『枕チップ』やトイレのチップは不要だった。

16 何を聞かれたのかわからなかったということ。

17 日本語と違って英語には表現方法が少ないという一例。この場合は前者の意味。

18 ビートルズの曲。

19 ビートルズの曲で『I WANT YOU』の副題。彼女の表情と賞金がオレには『重かった』ということ。ただし彼女に対して『I WANT YOU』と思ったかどうかは別問題だ。

20 英会話をしっかり勉強しなくても何とかなるということ。

21 ロンドンのあちこちにある『即出来食い物屋』。マクドナルドなどに比べるとハンバーガーは薄くてまずい。

22 内海（※ビートルズ好きの、大学の同級生）によると、この言い回しはオレ独自のものということだ。『信じられないほど（すごく）』の意味でオレはこのコトバをよく使うのだが、『ウソみたいに』の変形なのかもしれない。『ウッソー』ってやつだ。

23 たとえば21で説明したウィンピーでコーヒーを頼むと、砂糖は必ず2袋ついてくるという具合に。ビスケットやクッキーも『冗談みたいに』甘い。

24 買えるか買えないか、運を天にまかせるしかないというカンジ。

25 それほどロンドンの地下鉄のドアは軟弱だ。

26 日本と違って、ありがた迷惑やおせっかいなふるまいはおそらくないと思う。

27 40〜50代のオバサンに多い。たとえば買い物をした時、『地元』の人には『ありがとう』の言葉とともに袋を渡すのに、『よそ者』には何も言わず袋も渡さず、ただ金だけを取るといった具合に。こういう時には、ジム・モリソンの『People are strange, when you are a stranger』（よそ者には地元の人が奇妙に見える）で始まる曲を逆の意味で思い出す。すなわち地元の人にはよそ者は奇妙に見えるという意味で。

28 感謝の意を表わす時に『どうもありがとう』ではなく『どうもすみません（すいません）』と言うのは、感謝の『謝』に重きを置くからだろうか。

29 ポール・マッカートニーの『LONDON TOWN』には、『ロンドンの汚れた大地に白銀色の雨が降りそそいでいた』という歌詞が登場する。

30 ビートルズの『RAIN』には、『雨が降ると、まるでそれに当たると死ぬかのように人々は頭をおおって駆け出す』という歌詞が登場する。

31 年寄り発言だ。

32 横道にそれた話も戻る。

33 ビートルズに『I'M ONLY SLEEPING』という曲がある。

34 ビートルズに『I'M SO TIRED』という曲がある。

35 17と同じく英語には表現方法が少ないという一例。この場合、正確には『30分後にボイラーが直っているといい』という意味だが、その時の感じから言うと、後者の意味合いで少し投げやりに、そして皮肉っぽくオヤジに言われたという風に思った。

36 22の『冗談みたいに』よりは使われている言い回しで、『すまない』の変形。オレの知っているかぎりで

37 は、このコトバを使っているのは5人ほどしかいない。
38 責任逃れだということ。『I hope so』とオヤジが言った時点でこのことは明らかであった。
39 『頭』を冷やしていたということ。
40 ビートルズの曲。
41 ビートルズの曲。
42 ビートルズの曲ではない。
43 ビートルズに『SHE CAME IN THROUGH THE BATHROOM WINDOW』という曲がある。
44 あくまでもボイラーが小さくてということだ。
45 ビートルズの『YESTERDAY』には、『イザコザはきのう解決したと思っていたのに、まだ済んでないでいやがる。ああ、きのうは良かったなぁ』というような歌詞が登場する。
46 ビートルズの曲名をもじったわけではなく、本当にクタクタだった。
47 ビートルズの曲。
48 それだけホテルがボロいというわけだ。
49 会えば挨拶を交わす程度にということ。
『予告』だけで終わる可能性もある。

以上、本当に『予告』だけで終わってしまった（笑）。肝心のビートルズゆかりの地についてはどうだったのか？　と自分でも思うが、書こうと思いながら「現実」に引き戻されてしまったようだ。そこで以下に、予告にある構成案に即しながら、初のイギリス・ツアーの思い出――というよりも、覚えていることを「32年後」に書いてみる。

第2章

―その1― イギリスでの旅❶（その始まり）

ヒースロー空港に到着し、兄と待ち合わせをした場所に、母・伯母と向かう。待ち合わせ場所は、ピカデリーサーカスの「エロスの像」の真下である。「エロスの像」は、渋谷のハチ公と同じく各国からやってきた人々の有名な待ち合わせ場所になっているようだ。その時も、多くの人でごった返していた。

母と伯母は当時60代後半で、それ以前にハワイ旅行の経験はあったが、最も気をつけていたのは「スリに遭うこと」だった。クレジットカードなどは持っていないので、現金を、お腹の周りやら財布やカバンの中やら、あちこちに小分けにしていた。着いてまもなくは安心と警戒心が入り混じるが、まずは身を引き締めて、と3人とも思っていたはずだ。

兄と久しぶりに再会し、「日記」にも出てきた「ウィンピー」で一息。そして兄が間借りしていたハイゲートに向かい、フラット近くに取ったホテルで旅の疲れを癒す。ハイゲートは、ロンドンの中心地に比べると自然の多いのどかな佇まいで、「ここなら安心」と思わせる雰囲気だった。

フラットを兄に貸していたのは、母と同じ年齢ぐらいのご夫婦(旦那は画家だった)。その後、挨拶をしがてら伺ったり、近くで「メシ」を買って4人でフラットで食べたりと、数回ほど足を運んだのを覚えている。

─その2─ イギリスでの旅❷（ロンドン編）

ロンドンは、華やかな都会というイメージがあったが、東京よりも街全体は小さいかも、と思った。その一方で、縦横無尽に繋がる地下鉄の「種類」の多さには驚いた。地下鉄の発祥はロンドンが最初だったと知ったのは、帰国後のことだった。「日記」に書いた車内の狭さについては、91年に東京にできた「大江戸線」が最も印象が近い。乗るまでに下の下までエスカレーターで下っていかなければならないことも含めて、だ。エスカレーターや地下鉄の構内は煤けていて、時代を感じさせる。これは街並みに関しても同様だったが、古い建物を壊さずに長年大事に使うことで味わいが出る。北欧以外は他のヨーロッパ諸国に足を運んだことはないが、ロンドンの街並みの歴史観は、写真や映画で観るよりも、実際に行ってみると、その味わい深さを強く実感できる。

初の海外旅行は母と伯母と一緒でもあったので、「ウィンピー」のハンバーガーやカレーを毎日食べるわけにもいかない。とはいえ、それほど短い旅でもなかったので、食べ物にはちょっと苦労した。いわゆる外食は、中華・イタリアン・インド・それに日本食ぐらいだっただろうか。着いて間もない頃に入ったイタリア料理屋は、「日記」にも書いたように、量が多すぎたし、味も大雑把だった（「高級店」だと違うのかもしれないけれども）。長年、日本での日々の食事で馴染んだ味覚はそう簡単には変えられない。結局、最も食べる機会が多かったのは、ホテルの近くにあった、デリバリーもできる香港系の中華料理屋だった。連日通い詰めることもあったので、すっかり顔馴染みになったが、「テイクアウェイ」してホテルで食べる機会も多かった。

昼食は軽食が多かったが、ハイドパークに行った時は、デリカテッセンで「惣菜」を買い、リスなどの小動物を眺めながらピクニック気分を味わった。だが、肝心のデリの総菜は、個人的には見た目に食指が動かず、だった。

「ビートルズのゆかりの地」に関して最初に足を運んだのは、ソーホーのポール・マッカートニーの事務所「ＭＰＬ」だった。７月11日のことだ。ポールの80年代の傑作『TUG OF WAR』が出てまだ6年という時期でもあり、事務所の中を覗くと、ジャケットと同じデザインの赤と青の模様をあしらった額が壁に数点掛かっているのが見えた。

次いで13日にはロンドン・パラディアムや旧アップル・ビル、ロンドン・パヴィリオン、プリンス・オブ・ウェールズ劇場などを回った。今回、写真が見つかるまではすっかり忘れていたが、アップル・ビルの後に、地図を頼りに旧インディカ・ギャラリーにも向かおうとしていた。「向かおうとしていた」と書いたのは、正確な場所を特定できなかったからで、写真には「隣の建物」と、当時は存在すら知らなかったスコッチ・オブ・セント・ジェームズ（ポールがスティーヴィー・ワンダーの演奏を初めて聴いたナイトクラブ）が写っていた。

「押さえておくべき名所」は、ある程度足を運んだが、やはり何と言っても、初めて見た「アップル・ビル」の存

アップル・ビル

在感は圧倒的だった。「SAVILE ROW W1」と書かれたプレートを見ただけで「うわっ」と声が出そうになる。通りを右に曲がって右手に立ち並ぶ建物を目で追っていくと、見慣れた――というよりも見慣れすぎていたビルが、映画『LET IT BE』に登場するそのままの「出で立ち」で聳え立っていた。アップル・ビルだとわかったファンの多くは、屋上に即座に目をやるに違いない。初めてこの場に来て、「こんなにこぢんまりとした通りにあるのか」とびっくりした。

ロンドンでのもうひとつの楽しみは、レコード屋巡りだった。ビートルズのイギリス・オリジナル盤が日本よりもはるかに安い値段であれこれ手に入るかもしれない。そう思って、いわゆるチェーン店の「EXCHANGE」やカムデン・タウンのフリーマーケット（蚤の市）「カムデン・マーケット」で「ビートルズ」を中心に「この機にぜひに」と探しまくった。掘り出し物は期待していたほどではなかったものの、『A COLLECTION OF BEATLES OLDIES』のモノ盤と『NO ONE'S GONNA CHANGE OUR WORLD』を超安値（それぞれ7・5ポンドと10ポンド）で手に入れた。

もちろん、いわゆる普通の観光もした。着いてまもない11日に大英博物館でミイラを見たり、15日にバッキンガム宮殿の衛兵交代式を見た後に市内観光バスで市内を一周したり、という具合だ。着いて1週間。ようやく少し「異空間」にも慣れてきた頃に、リヴァプールにも急遽行ってみようという話になった。実はこの最初のイギリス旅行は、ロンドンにだけ行く予定で、ホテルもロンドンしか予約していなかったのだ。

—その3— イギリスでの旅❸（リバプール編）

「思い立ったが吉日」ということで、こうして——というよりも流れに身を任せてビートルズの生まれ故郷・リヴァプールにも行くことにした。ハイゲート住まいの兄ともそれまでずっと行動を共にしていたが、リヴァプール行きももちろん一緒、である。

列車での旅だと、現在ではヴァージン・トレインで行くことが多いが、ヴァージンはまだレコード事業しかやっていない時期だったので、この時はユーストン駅からブリティッシュ・レイルウェイズ（国鉄）で向かった。ちなみにユーストン駅は、ビートルズが67年にウェールズのバンガーへの瞑想の旅に向かう際に、ジョンの妻シンシアが乗り遅れて一緒に行けなかった駅として知られている。

列車に揺られて約3時間。リヴァプールに着くまでの車窓からの景色は、今でも忘れられない。天気が良かったこともあるが、たまに登場する羊の群れなどを眺めながらののんびりゆったり。のどかな時間の心地よさと言ったらない。思い起こしてみると、テレビ朝日系の人気番組『世界の車窓から』を実体験している気分だった。

ライム・ストリート駅に着いたのはお昼頃だっただろうか。駅に着いた瞬間に頭に浮かんだのは、やはり「マギー・メイ」である。「日記」と同じような注を付けるとすると、「（注50）ビートルズの『MAGGIE MAE』には、『マギー・メイがライム・ストリートをぶらつくことはもう二度とない』というような歌詞が登場する。」となる。

ビートルズの生まれ故郷に着いた感慨は、ロンドン以上だった。デビュー直後にジョンとジョージがギターを買った「HESSY'S MUSIC CENTRE」を眺めつつ、まずはマシュー・ストリートへと向かう。通りの入り口にビートルズ・ショップを見つけたが、そこは素通りし、お目当てのキャヴァーン・クラブへ。ビートルズが実際に演奏した場所はすでに跡地となり、移転後の場所になってはいたが、この通りを彼らは何度も歩いたのだ。

マシュー・ストリート

行きつけのパブ「グレイプス」も、中にこそ入らなかったものの、もちろんキャヴァーン・クラブに行く前に、しかとこの目に焼き付けた(当然のように写真も撮った)。

帰り際にビートルズ・ショップへ。東京にもすでに「GET BACK」という専門店ができていたし、西新宿にもビートルズを扱う店が増えていたので、品揃えに関しては特にこれというものはなかったが、洋書や雑誌などは、日本の専門店よりも豊富で安かった。

リヴァプールはその後何度か訪れる場所となったが、最初に足を運んだ時は、まだ「ビートルズ観光地」という印象はなく、あくまで「ビートルズが生まれ育った町」といった程度の静かな町だった。当時は景気が良くなかったせいか、のどかな天候の時でさえ、町も人もどんより曇っている印象だった。

マシュー・ストリートを堪能した後は、リヴァプールの郊外にも足を延ばすことにした。キャヴァーン・クラブと並んで最も行きたいと思っていたのはストロベリー・フィールドである。だが、どうやって行けばいいのか、まったくわからない。どのくらい時間がかかるのかすら、見当がつかない。現在だったらスマートフォンでGoogle Mapを確認しながら現地に向かう、なんていうこともできるわけだが、イギリスにはそれに匹敵する「強い味方」がいた。タクシーの運転手である。タクシーの運転手になるための試験は難しく、番地を見ただけでどこにでも行ける知識がないと合格しない、とガイドブックにも書いてあった。こうして、昔ながらの黒塗りの、屋根の高いタクシーに乗って、まずはペニー・レイン方面へと向かった。

乗車時間は10分ほどだったかと思う。タクシーを降り、あとは地図を片手に、天気のいいリヴァプールを堪能するのみである。モスリー・ヒル駅の構内に勝手に入った後、ジョンが通っていたダブデイル小学校からペニー・レイン方面を目指す。「PENNY LANE」と

ダブデイル小学校の子ども

書かれた標識は見つけられなかったが、ラウンドアバウト（環状交差点）にある床屋と教会はすぐにわかった。ラウンドアバウトの中央には「Sgt. Peppers Country Kitchen」というレストランがあり、ラウンドアバウトに着く手前には「Penny Lane Records」というレコード屋もあった（ともにその後閉店）。ジョンとポールがビートルズの曲の題材にした場所に来られただけでも晴れ晴れとした気分だったが、「Penny Lane」の歌詞に出てくる「郊外の青空」を体感できたのも、何よりの思い出となった。

そのまま歩き続け、ストロベリー・フィールドがあるメンローヴ・アヴェニュー方面に足を延ばす。ジョンはビートルズのメンバーの中で

Penny Lane Records

は最も裕福だと伝えられていたが、その通りはたしかに広く、道路の両脇には比較的大きめの家が立ち並んでいる。

同じくメンローヴ・アヴェニューを散歩気分で歩きながらしばらく行くと、「ジョンの家」が見えてきた。家も大きく、いい環境だとたしかに思った（実は家はそれほど大きくなかったことを、２０１７年に行った時に知った）。「ジョンの家」に着いたなら、ジョンの子ども時代の遊び場だったストロベリー・フィールドもこの近くに違いない。そう思って大通りの裏手を探そうと、通りをまた戻ることにした。しばらく歩くと、右斜めに下っていく細い道が出てきたので、そちらに向かってみる。そうしたら、写真で何度も何度も目にした「見慣れた場所」がいきなり目の前に現われた。

ストロベリー・フィールド

「こんなところにあるのか」

予想通りだったのか、それとも予想に反してだったのか。そのどっちにも当てはまるような幻想的な空間にストロベリー・フィールドはあった。「ビートルズのゆかりの地」としてファンが最初に思い浮かべるのはおそらくアビイ・ロードだと思うが、初めて目にした瞬間の衝撃が個人的に最も強いのは、この時に出会ったストロベリー・フィールドである。

日が長いのでつい油断してしまうが、すでに夜の8時頃になっていたと思う。もうこんな時間か。そろそろロンドンに戻らないといけない。帰国後に母と伯母は「日帰りせずにリヴァプールに泊まればよかった」と名残惜しそうに言っていたが、ロンドンだけでなく、リヴァプールの空気を4人で一緒に吸えたかけがえのない時間だった。

―その4― オレの英会話

スキーもそうだったが、基本を何度も繰り返して身につけ、それを徐々に応用して腕を上げていくというのが、あまり得意ではない。すべて我流でやりすぎるきらいがあるとも言える。英語もしかり、だ。真面目にやったのは剣道だけかもしれない。

それでも何とかなるのは（何とかならないこともあるのは「日記」の「両替事件」で証明済みだが）、これもビートルズのおかげである。最初の章で触れたように、ビートルズのアルバムをほぼ発売順に買い、来る日も来る日も聴き続け、「213曲」を何度も書き記した「成果」だ。「ビートルズで英語を覚えた」というファンがあちこちにいるが、私もその一人だった。

とはいえ、「日本以外の国」に行く時は、必要最低限の現地の「公用語」――英語が公用語のようになってはいるものの——を覚えるのは、「礼儀」「礼節」としても必要だろう。身振り手振りをまじえてカタコトの言葉で喋れば何とかなるのは、日本にいる、カタコトの日本語しか喋れない外国人とのやりとりを思い浮かべてみればわかる。

これはべつに言葉に限ったことではないと思うが、度胸と勇気さえあれば何とかなる。何とかならなくても何とかなる——と思うことも度胸のひとつだと思うようにしている。

—その5— イギリスでの旅❹（未来都市とアビイ・ロード）

リヴァプール行きが、旅のいいアクセントになった。日帰りで戻った日の夜はさすがにくたびれて早めに寝たが、翌19日には、ついにアビイ・ロードへと繰り出すことにした（2017年の「ビートルズ・ツアー」をまとめた書籍『ビートルズはここで生まれた』に「アビイ・ロード」の横断歩道を渡ったのは「1988年7月15日」と書いたが、「7月19日」の誤りだったと今回わかった。失礼しました）。

アビイ・ロードに向かう前に、オックスフォード・ストリートにあるHMVを覗き、続いて

『PLEASE PLEASE ME』のアルバム・ジャケットの撮影場所でもあるEMIの本社「EMIハウス」（ビートルズが写真に収まった手すりはまだ撤去される前だった）、さらにもう一度観に行きたいと思って旧アップル・ビルに行き、電車でセン

EMIハウス

アビイ・ロードを初めて渡る（1988年7月19日）

ト・ジョンズ・ウッド駅へと向かった。

セント・ジョンズ・ウッド駅に着き、表通りに出る。地図によると、そのまままっすぐ歩いて行けばアビイ・ロードに着くようだ。そのまま歩いていると、正面が行き止まりの「T字路」のように見える道路が前方に見えてくる（実際は、正面にもまっすぐ行ける細い道がある）。「T字路」が徐々に近づいてきた。すると右手前方の、人だかりと横断歩道が視界に入ってくる。そしてついに、レコード・ジャケットで何度も目にした「アビイ・ロード」の横断歩道へとたどり着いた。横断歩道の左手に、ビートルズがレコーディングしたアビイ・ロード・スタジオがあるのもはっきり見える。横断歩道を初めて目の当たりにした瞬間も忘れがたい思い出だが、むしろそれよりも印象に残っているのは、横断歩道とスタジオに徐々に近づいて

アビイ・ロード・スタジオ

くる時のワクワク感だ。そのあと何度行っても、その思いは不思議と変わらない。

ここに来たら、やることはひとつである。渡る機会を今かと窺いながら、何度か挑戦し、写真に収めてもらった。

来た道を引き返し、セント・ジョンズ・ウッド駅の近くにあるポールの自宅へと足を延ばす。「アビイ・ロードとポールの自宅」は、このコースの必須のセットである。この辺りは閑静な住宅街で、東京で言うと、田園調布のような趣がある。ポールがこの自宅にいることはそれほど多くないようだが、70年代以降にも、運良く出会えたファンはいるし、駅の近くにはポールの行きつけのカフェもわりと最近まで営業していた。

それほど広くない行き止まりの道の真ん中あたりにポールの家はあった。深緑色に塗られた門が目印だ（現在は茶色に塗り替えられている）。「いるわけはないけど、もしかして……」と中の様子を何となく窺う。ポストに目をやると、いわゆるDMがいくつか無造作に突っ込まれている。咄嗟に引っぱり出したら（こういうところが私が「ビートルズやくざ」と言われる所以だろうか？）、家具屋のチラシだった。ポールには関係ないだろうと勝手に判断し（笑）、そのまま日本に持ち帰った（あいすみませんポールさん）。

同じ日だったか別の日だったかは忘れたが、自宅以外にもう1ヵ所、「ポールのゆかりの地」にも出向いた。ロンドンの金融街として名高いシティ（シティ・オブ・ロンドン）という（町というより）街だ。だが、街の雰囲気は、行った場所に限って言えば、ロンドン市内で最悪だった。「日記」の予告に「未来都市」と書いたのは、このシティにあるバービカンのことだ。一言で言うと、ウルトラセブンのプラチク星人（第30話「栄光は誰れのために」に登場）の外見をそのまま高いビルにしたようなものなのだ――と言ってわかる人がどれだけいるかはわからないけれども。古びた町並みこそロンドンだと思っていたので、シティの無機質な「プラチク星人ビル」を見た瞬間、思わずぞぞっとしたものだ。今思い出しただけでも身の毛がよだつほどである。

よりによってなぜそんなところにわざわざ行ったのかというと、そこにはブロード・ストリート駅があるからだ。ポールが監督・脚本・主演・演奏などを手掛けた映画『GIVE MY REGARDS TO BROAD STREET（ヤァ！　ブロード・ストリート）』（84年）が撮影された古い駅である。映画では、その駅の構内（プラットフォーム）のベンチに座るポールや、ホームに上がる階段の手すりを上手に滑り降りるポールの様子も出てくるのだ。ブロード・ストリート駅に辿り着いたが、残念ながらすでに廃駅となっていたため、入り口を眺めるだけで終わった。未来都市にはふさわしくない過去の駅になっていた、ということだろう。

―その6― イギリスでの日々（その終わり）

行き帰りの機内の時間を含め、合計18日間の「ビートルズ初ツアー」はこうして終わった。今思うと、80年代＝20代の時にロンドンとリヴァプールに行けてつくづく良かったと思う。東京ほどではないが、行くたびに町並みは変わっていくし、行き交う人々も変わる。ちょっと信じられない気もするが、「日記」に書いたとおり、たとえば80年代にはイギリスではコーヒーは気軽には飲めなかったのだ。

母は２００６年に亡くなったが、２０２１年1月に１０１歳を迎えた伯母は、イギリスに行けたことをいまでもとても喜んでいる。また、伯母は記憶力が良く、たとえばテムズ川沿いの「古本市」を覗いた後にホテルに戻ったら疲れて3人とも寝てしまったことなど、私がすっかり忘れていたことを、最近の話のように笑いながらしゃべってくれた。せっかくなので、イギリスの思い出について今回（2020年12月16日）改めて聞いてみたら、こんなふうにポツポツと話してくれた。

「チャリング・クロスの近くで船が燃えた。火事になったその記事が、日本の新聞にも出ました（89年7月20日掲載）。…バッキンガム宮殿の衛兵の交代式が面白かった。兵隊が黒い帽子をかぶっていて。大勢の人であまり見えませんでしたが。…トラファルガー広場は工事中でした。大英博物館のパンフレットは日本語で、博物館には猫のミイラもいました。…ハロッズに行った時には香水の匂いがすごくて目がまわった。ハロッズで買った長四角のケーキはものすごく甘かった。…泊まっていたハイゲート駅のそばの中華屋でよく食べましたね。でも1人前が食べきれないぐらい多いので、半分ぐらいしか食べられない。日本語が通じるから良かった。…ロンドンでは2階建てのバスにも乗りました。地下鉄は日本のほうがきれいです。狭くて小さい。公園は素晴らしいけど、町は汚い。…テムズ川の橋の下の歩道に古本屋さんがたくさん出ていて、ビートルズの本を見つけて安いと言って何冊か買っていたわね。店主は、昔の日本のごみ箱の親玉のような形の箱の中に夜は売り本を入れて、カギをかけてほったらかしにしていた。…アビイ・ロード・スタジオの手前で写真を撮った時には、谷村新司が歩いていましたね。…小田急のロマンスカーのようなのに乗ってリヴァプールに行った。リヴァプールは大きな駅で、時計があった。寒くて風邪をひきましたよ。ジョン・レノンの伯母さんの家の前で腰かけて待ってた。静かで気持ちがいい場所…」

いきなり「チャリング・クロス」という名前が出てくるなんて、すごい記憶力だと思うが、アビイ・ロード・スタジオの横断歩道で谷村新司に出くわしたことも、聞くまではすっかり忘れていた。当時68歳だった伯母は、現在でも事細かに日記を付けているが、見せてもらった「旅行記」の最後にはこう書いてあった。

「荻窪に帰宅する。現実に戻る」

Disc 4

初のニューヨーク旅行

1989.11–1990.1

「90年代をジョン・レノンが住んでいたダコタ・ハウスの近くで迎えよう！」

ふと、そんな考えが頭に浮かんだ。１９８９年の９月、28歳になったばかりの頃だったと思う。

その頃は、変わらずビートルズのファンクラブでの原稿書きが続き、会報以外に『サウンドブック』シリーズの続編（「ライブ篇」「公式録音曲篇」）や、ジョージの『BEST OF DARK HORSE 1976–1989』（89年10月発売）のＣＤのライナー（解説文）も書かせてもらうなど、「外部ライター」として優遇してもらっていた。

それにしても、なぜ「ジョンの近くで」などという思いに駆られたのか。「90年代を」と冒頭で書いたが、もう少し詳しく書くと、ジョンの命日（12月8日）にニューヨークのダコタ・ハウスの近くにいられたら……という思いがまずあった。そこに、時代の節目となる90年代の幕開けを、ジョンが過ごしたニューヨークで迎えられれば、という思いが加わったのかもしれない。ということで、少なくとも1ヵ月の長旅になることは、行く前から決めていた。

80年代前半はビートルズの人気に陰りが見られていたが、87年から88年にかけて全

213曲が初めてCD化されたことで、ビートルズの話題は徐々に増えつつあった。ジョージは『CLOUD NINE』（87年）のヒットで復活を遂げ、ポールは新作『FLOWERS IN THE DIRT』（89年）を引っ提げて、89年9月に、10年ぶりにワールド・ツアーを開始したばかりだった。

思い立ったら即行動、である。インターネットも携帯電話もまだ普及していなかったが、『カドカワ トラベル ハンドブック ニューヨーク』を買い、ダコタ・ハウス周辺の状況をまずは確認する。義理の兄と繋がりがあったSさん（ジョンとヨーコの個人アシスタントを数年やっていた）やトロント在住のAさんほか、ニューヨークに詳しい知人を姉から教えてもらったりしながら、どこに泊まるかを考えた。

泊まる場所はマンハッタンの72丁目にあるダコタ・ハウスの近くと、これも当初から決めていた。貯金もないから、なるべく安い所を探した結果、64丁目のYMCAにした（1日28ドル。1ドルの相場は140円だったから、一泊約4000円）。

こうして89年11月21日から90年1月12日までの、初のアメリカ旅行が始まった。ニューヨークから始まり、シアトルで終わる長旅である。イギリス（ロンドン・リヴァプール）に続いて海外行きは2度目となるが、今度は一人旅だ。そして今回は、『サウンドブック』シリーズの4冊目となる「ソロアルバム篇」の原稿を前日までにすべて書き終えてから成田空港へと向かった。

まず、行く前の事前情報として、もしものために、裸の10ドル紙幣をポケットにいつも入れておくことと、タイムズ・スクエアが危ないということを聞いた。さて、実際はどうだろうか。

旅行にはノートを1冊持参した。以前に「レコード購入帳」を付けていたのと同じように、アメリカ滞在中は、レコード以外のものもすべて含めて、いつ何を買い、いくらかかったかを毎日記録した。その際、1ヵ月以上滞在することになるので、お金はとにかく切り詰めようと思っていた。食事代を特に、と。

そのノートを引っ張り出してきて久しぶりに見てみたところ、「オレのロンドン日記」ならぬ「オレのニューヨーク日記」とも言える記載が毎日、事細かにある。だが、字が汚すぎて自分でも読めない箇所が多い。とはいえ、二度と読み返すことはないと思っていた「日記」があるのだから、30年ほど前のニューヨークの空気を詰め込んだ生々しい文章を、ここでも大いに活用しながら筆を進めていくことにする。
ペラペラめくっていると、「12月29日」に、早速こんな記載があった——。

ニューヨーク日記

入国審査での出来事
ニューヨークの街
ニューヨークの天候
ニューヨークでのコンサート
ニューヨークでのメシ
ダフ屋との駆け引き（ダフ屋とのたたかい）
YMCAとJL
12月8日
ボストン旅行

アトランティック・シティ旅行
ニューヨークにふさわしい音楽（ウォークマン）

未完に終わった「ロンドン日記」と同じようなイメージで、日本に戻ったら、「日々の記録」を項目別にまとめ直そうと思っていたのだろう。そこで、この構成案に極力沿いながら、ニューヨークの刺激に満ちた思い出を、「31年後」にまとめてみようと思う。

オレのニューヨーク日記

―その1― 入国審査での出来事

11月21日。ロンドンに続き、ニューヨークの旅も成田より始まる。まずはシアトルに着き、入国審査を受ける。予想どおり（?）引っかかる。この時は、パーマをかけ、髭はほっぺたもあごも伸ばし放題だったので、外見で判断されたのかもしれない。いや、検査官にガンをつけられたのに目を逸らさなかったのが原因か。いずれにせよ、最初から「こいつはアウトだ」と決めつけられていたように思う。

すぐさま別室に連れて行かれ、荷物検査を受ける。トランクを全部広げられてチェックされたが、開いたらすぐにマリファナが見つかる——なんていうことはもちろんない。けれども、さらにヘンな場所に連れて行かれて旅がおじゃんになるわけには絶対にいかない。

原稿書きはすべて終えて向かったのかと思っていたら、そうではなかった。ファンクラブの会報で『アルバム研究』の連載が毎月あり、次号の『REVOLVER』の原稿がまだ終わっていなかったのだ。思い返してみると、持って行った資料を検査官に見せ、ビートルズ関連の仕事をしていることを何とか伝えて難を逃れようと思ったのだろう。だが、〝Do you know The Beatles?〟と聞こうとしたのに、間違えて〝Do you like The Beatles?〟と聞いてしまった。返ってきた答えは〝I like music〟だった。しかも、「ビートルズ英語」に慣れている耳に、「アメリカ英語」は早口でほどんど理解不能だった。これは先が思いやられる。

そうしたら検査官は、持参したビートルズの写真を見た後、ポールを指さしてこう言った――「ジョン・レノンはマリファナをやっていたのか？」と。いや、そっちはポールだ。すると、なぜか私のことをジョンに似ていると言った後、今度はこう言った――「ジョン・レノンはコカインをやっていたのか？」と。ビートルズのことはあまり知らないようだが、ジョンのドラッグ歴には興味があるらしい。なぜ目を付けられたのか、話の流れで確信した。ドラッグを持っているのではないかと、やはり最初から疑われていたのだ。その時、たまたまマリファナを型どったネックレスを付けていたが、気づかれなかったのは、運が良かったと言うべきか。

結局、35分も取り調べを受けた。「日記」にはこう書いてある――「旅のダイゴ味は、もしかしたら入国審査にあるのではないかと思う」。

予定外の足止めを食らったものの、その後は無事にニューヨークのJFK空港に着き、バスでグランド・セントラル・ステーションへと向かう。着いたら、「荷物の運び屋」がすかさず寄ってきたので、流れに身を任せていたら10ドルを払うハメになった。このために使う「10ドル」ではなかったはずだが。しかも、ちょっと歩いていたら麻薬でラリったお姉ちゃんにタバコをせがまれたりと、いきなり〝ニューヨーク流〟の洗礼（?）を浴びたのだった。

すでに夜の11時半過ぎで、辺りは真っ暗。もともと方向音痴だが、土地勘がまったくないので、タクシーで宿泊先のYMCAへと向かう。着いたのはちょうど0時だった。

こうして1ヵ月半にも及ぶ「ニューヨーク一人旅」は始まった。

―その2― ニューヨークの街

ニューヨークといっても、活動の拠点はマンハッタンである。泊まったYMCA周辺は、セントラル・パークに面した過ごしやすい地域で、街をちょっと下ればタイムズ・スクエア周辺の華々しい空間を楽しむことができる。その辺りは、銀座と新宿を合わせ、さらに活気と殺気を加えたような雰囲気だ。ロンドン市内は東京よりも街が小さいと感じたが、マンハッタンはそれ以上に狭く感じられた。チャイナタウンまで2時間ほど歩き、地下鉄を有効に使えば、ある程度の場所まで網羅できてしまうほどだった。

ニューヨークは人種の坩堝と言われるが、たしかに世界各国の人々が集まっている印象がある。食事に関しても、多国籍の人々で成り立つ都市であることを実感させられるほど、あらゆる料理が味わえる。料理の多彩さは東京並みだが、東京と大きく異なるのは緊張感だ。

ガイドブックを見ると、カメラを首からぶら下げるなど旅行者然とした格好に見えないように気をつけること、とか、夜はむやみやたらに出歩かない、などという、注意を喚起する記載が多い。そうした注意事項をとっても、ニューヨークのほうがロンドンよりも危険度ははるかに高い。

実際に行ってみて、「ああ、たしかに」と思った。ロンドンでは「スリに注意を払う」程度で済んだが、ニューヨークでは「身の危険に注意を払う」必要があるということを実感したのだ。いや、「注意を払う」どころか、「注意し続けること」にも注意を払うといってもいいほどだ。街では、背中に常に目を付けながら歩くような感覚だった。その危険度が「銃社会」であることと背中合わせであるのは、ジョンの死を思えば明らかだ。

食事はロンドンの比じゃない。「比じゃない」のは味の良さが、である。イタリア料理も中華料理も、評判の店の味は完璧だ。

20代のうちにあれこれ体験しようと常々思っていたから、着いた翌日から、とにかく歩き回った。時間は思う存分あるし、東京にいる時と同じような気分で街を歩き回ろうと思っていたのだ。「日記」を改めて見てつくづく感じるのは、「レコード屋巡り」と「手紙書き」の多さで、日々、ほとんどそのために時間を使っているといってもいいほどだ。気の向くままに歩き回り、偶然の出会いを楽しみ、何が飛び出すか、ワクワクしながら待つ。

しかもそれが刺激的な街であれば、なおさら期待も高まる。

「ニューヨークは人種の坩堝」だと書いたが、見知らぬ人との様々な出会いがあった。出会いは飲食時が最も多かったが、まず最初の出会いは、着いて2日目、11月23日に手紙を出そうとマディソン・スクエア・ガーデン（以下MSG）の向かいにある中央郵便局で切手を買おうとした時のことだった。

最初の登場人物は、昔、空手（マーシャル・アーツ）をやっていたというおじいさん。こんなやりとりだ。

「日本では1日8時間以上働くのか？」

「12時間働く人もいますよ」

「仕事は週5日か？」

「6日がまだ普通です」

その後、「ブルース・リーに会ってサインをもらった」とか「チャック・ノリスは大男だった」とか「フランク・シナトラの映画（タイトル不明）は観たか？」とか、矢継ぎ早に話しかけてくる。さらに「柔道をやっているのか？」と聞かれたので、「剣道をやっていました」と答えたら、竹刀を振る真似をする。名前を聞くので「フジモト」と言うと、「フジ……」と。日本で有名な「富士山」の「フジ」に「モト」だと説明した。別れ際に握手をされて一言、"Good Luck"と――。

文字にするとたいした話ではないけれど、着いて間もない頃のやりとりだったから、こうして言葉を交わせたのが自分でも嬉しかった。

東京にいる時と同じように歩き回る――というのは、自分にとっては真夜中も含めて、ということだった。80年代後半はニューヨークの治安が最も悪かったと知ったのは、数年後のことだったが、今思うと、あまりに無鉄砲・無防備・無謀だったのは間違いなく、実際に危ない目にも遭った（後述）。「若さゆえの」、というよりは「性格ゆえの」と言ったほうがいいかもしれない。とはいえ、真夜中のセントラル・パークの中だけは、最後の最後まで絶対に近づこうとは思わなかった。「鬼太郎」だったら髪の毛が逆立ってしまうような「妖気」を感じたのだ（セントラル・パークで日本人女性が殺されたというニュースを滞在中に耳にした）。

12月中旬からは、真夜中に出歩くことが多くなった。そんな時は、もっぱらマクドナルド（以下マック）やホットドッグ屋などで手紙を書いたりしていた。「日記」を読んで、もうひとつ印象的な「出会い」があったことを思い出した。行きつけのマックに手紙を書きに行った際の、こんなやりとりである。12月23日のことだ。

会ったのは、イギリスから来たホームレスの男性（ジョン・フィリップと言っていた）。一見、日本人にも見える。マックの女性従業員にクッキーを一袋あげたり、話していても自分の生き方を持っているような人だった。昔ヒッピーをやっていて、トルバドール・クラブ（ロサンゼルス）でジム・モリソンに会ったとか、ジョニー・ウィンターとテン・イヤーズ・アフターが好きだとか、65年頃に小さなクラブでローリング・ストーンズ（以下ストーンズ）を観たし、クリームのラスト・コンサートも観たなどと言う。ウイングスの「Mull Of Kintyre（夢の旅人）」を例に出し、ポールは好きじゃなく（ジョージも）、ジョンが好きだと言う。今はリッツのチケットを手持ちの5ドルで売ってもらい、それを定価の20ドルで売ったり（ダフ屋は40ドルで売るから、自分なら20ドルで売れ、15ドル儲かる）、缶を拾ったり（40個で2ドル）しながら生活していると。"I can survive, It's survival"と。

さらに、アメリカ人の自分勝手なふるまい（特に"make noise"と）を批判したり、日本人の金の使い方の派手さや偏見を問題にしたり、こちらからはロサンゼルスやシカゴのことを聞いたりと、明け方の4時過ぎまで4時間もいろいろと話し込む。ここまで話せたのは、相手が「イギリス英語」だったからだろう。

特に印象的だったのは、"Are you a night person?"と聞かれたことと、「危険だからニューヨークが好きだ」――イタリア、フランス、ギリシャ、ロサンゼルス、ニューオーリンズ、シカゴ……といろんな場所を回ったが、ニューヨークがいちばんいい――と言っていたことだ。また、「ニューヨークはガン（銃）を持っていて心（ハート）を持っていない」とも言っていた。

そうこう話し込んでいたら、ちょっと話の流れが変わってきた――「今朝会った韓国人から5ドルもらった。でも君からは何ももらわない」と。続けて「腹が減った」とか「リッツのライヴが27日までない」とか「月曜は祝日の翌日だから缶ごみが出ない」とか……。結局、クッキーをくれたので、そのお返しにと（少ないが、手持ちの小銭分）1・67ドル渡すと、「これでコーヒーが飲める」と言う。「クッキーやデカいケーキなど甘いもんばかりでいやになる」とも言っていたが、もらったクッキー（封が開いていた）にしても、結局、開けてないやつと取り換えてくれるし、神経は細やかなようだ。こちらから金を渡した時も、「本当に大丈夫か（やっていけるか）」と一声かけてくる。封が開いたクッキーを取り換えとようとした時に、床に落っことしたクッキーを拾ってまたしまっている。なのになぜ手持ちの一袋を従業員に渡してしまうのだろう。それが彼の優しさなのかもしれない。「物を分け合うことを日本人やアメリカ人はしない」と彼は言う。「くれ」というだけで――"Quarter please""Cigar please"など――「やる」とは決して言わないとも。"night people"だったジョン・フィリップさん。今は、どこで何をしているのだろうか。

ニューヨークに着いて2週間経った12月5日、「日記」にはこんな注意書きがある。

・小銭（特に25セント、1ドル札、5ドル札、10ドル札）を常にたくさん持つように心がける（10ドル払ってお釣りを貯めるなど）こと。
・最初の1週間はとにかく街を片っ端から歩き、めぼしい店や、街の作り、雰囲気などを知ること。
・どこかひとつ拠点を作ること。たとえばカーネギー・ホール、タイムズ・スクエア、

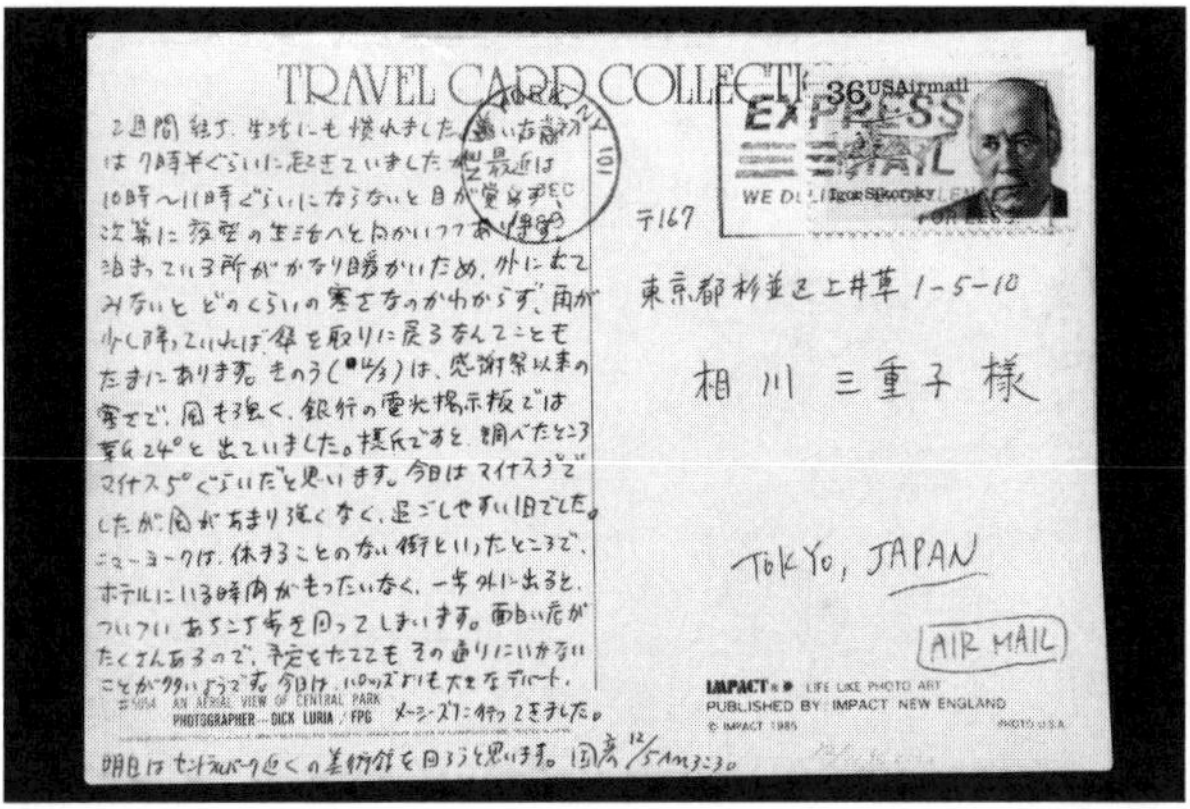

ニューヨークから伯母に送ったハガキ（1989年12月5日）

ボトムライン、タワー・レコードなどのように。そこまで行けば泊まっている所まで帰れるように、地下鉄・バスなど乗る場所も確認すること。

・落ち着く店をひとつ見つけること（なるべく宿泊先の近くに）。

タイムズ・スクエアは、実際に行ってみたら危険ということはなかったが、その42丁目周辺は雑然としていて街も汚い。特にグレイハウンドのバス・ターミナルがある8番街の42丁目は、危なそうなお兄ちゃんがナイフを持ってうろついていたりする。ダウンタウンのレコード屋へ行く時の拠点にしていたのはワシントン広場だった。

ＹＭＣＡからワシントン広場まで2時間ぐらい歩くと、ちょっと疲れるので、そこから地下鉄に乗り、ダウンタウン方面へと向かう。帰りはレコードの量によって、早めに（長めに）地下鉄に乗ることが多かった。

その3　ニューヨークの天候

着いた翌日（11月22日）こそわりと暖かかったが、その日の夜から雪が降り始め、翌23日は一気に寒くなる。マイナス5度ぐらいだったと思う。以後、23日の寒さが、大丈夫か大丈夫じゃないかの基準になった。それを見極める基準は、①手袋の有無②耳の痛さ③風の強さ、である。セントラル・パーク内に気温の「電光表示板」があり、ＹＭＣＡを出た時にはなるべくそれを見てから（もちろん記録もしながら）街へ繰り出したものだ。

12月13日の真夜中（正確には14日2時）に、こんなことがあった。34丁目まで歩き、唯一開いていた行きつけのホットドッグ屋に着いて注文している時に、店員が、吐き捨てるようにこう言ったのだ——"Fuckin' February weather"と。この日はマイナス10度ぐらいだったと思う。歩くのが嫌になる寒さだった。それを聞いて、「今年」は異常な寒さだったのだと実感した。

試しにニューヨークの現在の年間平均気温の高低を調べてみたら、11月は上が12度で下が5度、12月は6度とマイナス1度、1月は3度とマイナス4度、2月は4度とマイナス3度となっている。現在は、店員が言っていたのとは違い、2月じゃなくて1月が最も寒いようだ。

ちなみにセントラル・パークの電光掲示板は「華氏」表示なので、「摂氏」に置き換えないといけない（0度は華氏32度）。最も寒かったのは、記憶ではクリスマス・イブのマイナス15度。「日記」を見ると、12月27日の華氏12度（マイナス11・11度）が最低となっているが、クリスマス・イブの日に、6番街53丁目にあるアップル銀行の表示板（華氏だけでなく摂氏も表示）を見た時に「マイナス15℃」というのが目に入ったのだと思う。その日に、大賑わいのタイムズ・スクエアを歩いていた時には、「ああ、目出し帽を買っておけばよかった」と後悔した。顔を全部塞いでしまいたくなるぐらいの寒さで、生まれて初めて「底冷え」を体験した。

結局、年内で10度を超えたのは数回しかなく、あとはほとんど0度近辺だったが、しばらく過ごしているうちに、ある程度の寒さなら大丈夫になってくる。そうなると、2、3度あれば「めっけもん」だった。年明け以降は零下まで下がることは一度もなく、過ごしやすい日が続いた。

その4　ニューヨークのレコード屋

ニューヨーク行きの決め手になったのは、「ジョンの命日」と「年越し」だけではない。「レコード探し」だ。日本で手に入りにくいレコードを探すことと、日本では高価なレコードを安く手に入れること、である。

ニューヨークでの「はじレコ」は、ブロードウェイの66丁目の角にあるタワー・レコードだった。着いた翌日の22日は知人と食事をしたり、ミュージカル『CITY OF ANGELS』を観たりしたので、レコード屋に寄る時間は取れなかったが、23日に早速繰り出した。

その日は、ニューヨークで名高いライヴハウス、ボトムラインとＣＢＧＢに行く予定だったが、1時間半ほど歩いていた時にタワー・レコードを見つけ、あれこれ店内を物色していたら、あっという間に1時間半も経ってしまった。それでライヴハウスは別の機会に行くことにした。タワー・レコードで買ったのは、ポールが参加したジョニー・キャッシュの『WATER FROM THE WELLS FROM HOME』（日本では見たことがなかった）のLPとCD、アンディ・ウィリアムスの『CHRISTMAS PRESENT』とピーター・ポール&マリーの『GOLD CASTLE』のCDである、アンディ・ウィリアムスとピーター・ポール&マリーは、それぞれ母と兄へのプレゼントだった。

翌日以降、ダウンタウン方面へと行動範囲を広げていけばいくほど、次々と新たなレコード屋が見つかっていく。ニューヨークのタワー・レコードは2006年になくなったし、ロンドンのHMVも19年に閉店となるなど、いわゆるリアル店舗は世界各地でどんどん姿を消し続けているが、89年のニューヨークは（88年のロンドンも）、特に中古レコード屋はあちこちに数多く点在していた。

そうした中で11月25日と26日に、「これは！」という店を早くも立て続けに見つけた。イッツ・オンリー・ロックンロール（以下イッツ・オンリー・R&R）とリボルバー・レコーズである。「リボルバー・レコーズ」で反応したビートルズ・ファンは、ブート・ビデオに詳しいマニアに違いない。2010年代にビートルズの未発表映像集を次から次へと制作し、マニアを喜ばせた本拠地だからだ。リボルバー・レコーズがニューヨークのダウンタウンにある店だと10年代に耳にした時に、「ああ、あの2店のどっちかだ」と思っていたが、「日記」を見たら、やはりそのとおりだった。しかもその2店は、間に1軒挟んだだけなので、行く時は当然、両方に入ることになる。

以後はその2店を核としてレコード屋の幅を徐々に広げていったが、ビートルズ関連が充実している中古レコード屋の多くはダウンタウンに集中している。マンハッタンを東京の気分で歩いていたとするならば、ダウンタウンのレコード屋巡りは、西新宿のブート屋を回っていたのとまったく同じ気分だった。

ボストンまで足を延ばした時（12月19日・1月4日〜5日）にもレコード屋に行ったが、ボストンのレコード屋はニューヨークに比べてかなり安い。中でもケンブリッジのルーニー・チューーンズがベストだった。

こうしてアメリカ滞在中は、「ライヴと観光と疲労」以外はほぼ毎日レコード屋へと繰り出した（シアトルではレコード屋はまったく見かけず）。今回、改めて「レコード購入帳」を元に調べてみたところ、都合50日のうち、半分の26日はレコード屋へ行き、買わないで帰ってきた日は4日のみ。何の参考になるかはさておき、購入したのは次の108枚だった。

LP40枚（シングル付き3枚）／シングル19枚／12インチシングル18枚／EP1枚／CD9枚（CDシングル付き3枚）／CDシングル6枚／カセット・シングル2枚／カセット3本／VHSビデオ3本／ブートレグ7枚

レコードは二度に分けて日通（日本通運）から船便で日本に送ったが、もう一便は、送ることができずに終わった（詳細は後述）。

イッツ・オンリー・ロックンロールとリボルバー・レコーズ

見つけた店に足を運んで思ったのは、当たり前のことではあるけれど、日本でほとんど見ることのなかったアメリカ編集のモノラル盤と、ビートルズ以外も含むプロモーション盤（ラジオ放送用など）の多さだ。しかもそれらを安価で手に入れることができるのだ。ただし、キャピトルから発売されたビートルズのアメリカ盤のシングルは、なぜかほとんど見かけなかった。

コラム ニューヨークのレコード屋めぐり（1989年11月23日〜1990年1月8日）

❶リボルバー・レコーズ（5th & 6th Ave./8 St.）／22枚

ビートルズ関連は、この店がベスト。〝ブッチャー・カヴァー〟が5枚もあり、ほぼ700ドル（約10万円）。ジョージの「All Those Years Ago（過ぎ去りし日々）」の日本のピクチャー盤（非売品）150ドル、ジョンの「(Just Like) Starting Over」の12インチ・シングル（ジャケなし）20ドル、日本のオデオン赤盤は70ドルぐらい——などなど、いきなり目を見張るレコードが目白押しだった。店内ではMTVが流されていて、初めて行った11月27日にはストーンズの「Rock And A Hard Place」、12月6日にはビリー・ジョエルの「We Didn't Start The Fire（ハートにファイア）」の、微妙に異なる映像（おそらくクリスマス仕様）を観た。ともにそこで初めて目にしたものだった。リンゴの『CAN'T FIGHT LIGHTNING』などのブートの他に、シングル「I Want To Hold Your Hand（抱きしめたい）」のドイツ語ヴァージョンのドイツ盤やクリケッツの『T-SHIRT』（ポール参加）など幅広く買っ

た。通ううちに店員とも仲良くなり、リンゴとポールを観た後はジョージをぜひ観たい、などという話もした（ジョージのライヴは2年後の91年に観ることができた）。

❷ゴールデン・ディスクス（7th Ave./Breeker St.）／**15枚**

ブリーカー・ストリートのレコード屋。店内にローチェスやスザンヌ・ヴェガほか、ミュージシャンのサインがたくさん飾られている。ビートルズ関連のレコードも多く、値段も良心的。ポールの『FLOWERS IN THE DIRT』の「WORLD TOUR PACK」（CD32・98ドル／LP20・

98ドル）を購入したほか、ストーンズ、ビリー・ジョエルなども多数購入。3番街にもう1店あり。12月30日に行った時は、ビートルズのトリー盤のシングルが20～40ドルで数枚あった。

❸イッツ・オンリー・ロックンロール（5th & 6th Ave./8 St.）／**14枚**

リボルバー・レコーズの2軒隣。11月25日にボトムラインを探したが見つからず、地下鉄でアップタウンに向かおうとしていた時に、2階にあるこの中古レコード屋を発見。日本のビートルズ専門店「GET BACK」よりもビートルズ関係が充実していて、

グッズまでいろいろある。ポールのサイン入りの『HEY JUDE』と『SGT. PEPPER'S LONELY HEARTS CLUB BAND』（ともに300ドル）とか、ポール＆リンゴのサイン入りの『ABBEY ROAD』（475ドル）などもあった。〝ブッチャー・カヴァー〟は575ドル。初めて行ったその日に、1時間半かけてあれこれ見て、一気に170ドル（約23800円）も爆買い。店員が目ん玉を見開いていた。日本では入手困難だったローレンス・ジュバーの『STANDARD TIME』（サイン入り）を20ドルで購入したのもこの店だった。

❹タワー・レコード本店（Broadway/6 & 7 St.）／11枚

掘り出し物や珍しいものはあまりなく、日本で買えるものも多いが、日本よりは安い。シングルは1・99ドル、カセット・シングルは1・22ドル。ビデオもあり、オノ・ヨーコの『THEN AND NOW』（9・95ドル）を購入した。知り合いへのお土産用に足を運ぶことが多かった。

❺ルーニー・チューンズ（ケンブリッジ）／10枚

ビートルズのヴィー・ジェイのシングルが2ドル～4ドルという安価だったので、即買いした（後に触れるように、残念ながら日本に持って帰れず）。アメリカの他の州には、この手の珍しいレコードが安く置いてあるのだろうと想像した。

❻セント・マークス・サウンズ（**2nd & 3rd Ave./8 St.**）／**8枚**

　セント・マークス・プレイスは原宿に近い印象で、出店が多く、レコード屋も5店ほどある。ここもそのひとつで、ビートルズ関連のモノ・アルバムが充実していた。12月4日に初めて行った時に、『BEATLES VI』『SOMETHING NEW』『THE EARLY BEATLES』『RUBBER SOUL』『YESTERDAY AND TODAY』のモノ盤と、『THE BEATLES STORY』のステレオ盤（3・99～8・99ドル）を爆買い。

❼セカンド・カミング・レコーズ（**ケンブリッジ**）／**5枚**

　ポールのバンドに元アヴェレイジ・ホワイト・バンドのヘイミッシュ・スチュアートが参加したのを記念（？）し、『FEEL NO FRET』を購入。他にオノ・ヨーコの「Never Say Goodbye」、ジョー・ウォルシュの「In My Car」、ダイアー・ストレイツの「Skateraway」の、いずれもプロモ・12インチ・シングルなどを購入。

❽ルーニー・チューンズ（**ボストン**）／**5枚**

　ボストンに2度目に行った時に入った店。ケンブリッジの同じ店に比べると、これといったものはあまりなく、ビートルズ関連は『A HARD DAY'S NIGHT』のアメリカ編集のステレオ盤のみ購入。他にキング・クリムゾンのシングル「Heartbeat」なども。

❾タワー・レコード支店（4th Ave./4 St.）／**4枚**

本店よりは大きくないが、品揃えは本店に準じた内容だった。本店になかったらこっちにも行ってみる、という流れで足を運び、出て間もないバック・オウエンスの『ACT NATURALLY』（89年10月発売）のLP（8・44ドル）とCD（13・99ドル）を購入。

❿セカンド・カミング・レコーズ（マンハッタン）／**3枚**

ケンブリッジで入った店のマンハッタン店。ビートルズ関連もけっこう多かったが、買ったのは『ABBEY ROAD』のアメリカ盤、バッドフィンガーのブート、リーグ・オブ・ジェントルメンの4曲入り12インチ・シングルの3枚。

⓫グリニッジ・ヴィレッジのレコード屋（8th Ave./11 St）**店名未確認**／**3枚**

8番街11丁目辺りにあり、ビートルズのアメリカのモノラル盤も多数あり。アメリカ編集の『THE BEATLES' SECOND ALBUM』のモノ盤や、ビリー・ジョエルの『COLD SPRING HARBOUR』のプロモ盤（ともに6ドル）などを購入。

⓬ソーホーのフリーマーケット（West Broadway/Cabal St.）／**2枚**

ロック系のレコードを400枚ぐらい見たが、高過ぎて買えそうなものはほとんどなし。ビートルズもまあまああるが、買ったのはウイングスの「Goodnight Tonight」の12インチ・シングル（3ドル）と、リンジー・バッキンガムのセカンド・アルバム『GO INSANE』（5ドル）のみ。

⓭ヴィーナス・レコーズ（**2nd Ave./8 St.**）／**2枚**

セント・マーク・ストリートにあるレコード屋。日本ではほとんど見かけなかったキース・ムーンの『TWO SIDES OF THE MOON』（15ドル）と、ポールの『FLOWERS IN THE DIRT』の「WORLD TOUR PACK」（LP）をもう1セット（19・99ドル）購入。

⓮スマッシュ（**2nd & 3rd Ave./8 St.**）／**1枚**

これといったレコードはなかったが、ポールの『FLOWERS IN THE DIRT』の「WORLD TOUR PACK」（CD）をもう1セット、35ドルで購入。

⓯チャイナタウンのレコード店／**1枚**

チャイナタウンでたまたま見つけたレコード屋。ビートルズのカセット「披頭四精選組合（BEATLES GREATEST HITS MEDLEY）」（中国）を6・95ドルで購入。

⓰タワー・レコード（**ビデオ店**）（**4th Ave./4 St.**）／**1枚**

数回しか行かず。掘り出し物は多くはないが、ビートルズ関連以外にも、日本では手に入りにくい音楽ビデオがけっこうあり、ポール・サイモンのテレビショーのVHSを購入。

⓱ミステリー・トレイン・レコーズ（ケンブリッジ）／**1枚**

ケンブリッジでたまたま見つけた店。アメリカ編集の『MEET THE BEATLES!』のモノラル盤（5・78ドル）を購入。

⓲コロニー（8th Ave./48 St.）／**0枚**

5ドルのコーナーを見たが、ろくなものなし。ビートルズはバカ高く、80ドル〜150ドルはザラ。ただし、この店でローチェスの12月1日と2日のボトムラインでのライヴ広告を見つける収穫あり。

⓳サム・グッディ（6th Ave./51 St.）／**0枚**

アメリカのあちこちにあるチェーン店。レコード屋を見つけたら必ず入ることにしてはいたものの、知名度の高いこの店はタワー・レコードよりも高く、たいしたものはいっさいなし。

⓴50's & 60's レコード（2nd Ave./8 St.）／**0枚**

セント・マークス・プレイスを2番街に行った所にある。この店もそうだが、ニューヨークには、意外な場所に意外な店が並んで（隠れて）いるものだと思った。

＊

足を運んだ20店を紹介したが、現在どのくらいの店が残っているのだろうか

―その5― ニューヨークの観光

これだけレコード屋に足繁く通い詰めていたら、観光などほとんどできなかったと思われるかもしれない。もともと「名所」に行くことにほとんど興味はなく、今回の旅も、それが目的ではなかった。とはいえ、行きたい場所はいくつかあった。実際、12月10日には、こんな予定を立てていた。

今後（12／10以降）の予定

・シェア・スタジアム
・グッゲンハイム美術館
・メトロポリタン美術館
・近代美術館
・ロックフェラー・センター
・エンパイア・ステート・ビル
・自由の女神像

・アンタイトルド（カード屋）（グリニッジ・ヴィレッジ）
・スターマジック（ギフトショップ）（グリニッジ・ヴィレッジ）
・ミリタリー・ウエスト（カレー屋）
・シャゴリカ（カレー屋）
・セイント
・フェリーニ（イタリア料理屋　167丁目）
・極辛ラーメン店（8番街55丁目）
・一番（日本料理屋　ラーメンほか）（イースト5番街＆6番街の間　46丁目）
・リコンファーム　コンチネンタル航空

観光リストというよりは、名所と美術館と食い物屋が混ざった予定表のようなものだが、ロックフェラー・センターとエンパイア・ステート・ビルに関しては、「ニューヨークに来たならちょっと前を通ってみるか」といった程度の興味に過ぎなかった。

12月10日以前にすでに足を運んでいた「行きたい場所」もあった。12月5日に行ったクーパー美術館とホイットニー美術館である。クーパー美術館は、針金で作った人の顔や動物などの工芸関係の作品が面白かった。ホイットニー美術館は、アンディ・ウォーホルほか前衛モダン・ポップ・アーティストの作品に面白いものが多く、映像も楽しかった。この時にグッゲンハイム美術館とメトロポリタン美術館にも行ったが、前者は閉館で、後者は買い物コーナーしか開いていなかった。12月10日の予定表にこの2つが入っているのはそのためだ。

絵画と言えば、ダウンタウンのバウリー・ストリートを歩いている時にたまたま見つけ、12月23日に行った"Woody's"も良かった。ロン・ウッドが共同経営で関わっていた画廊で、タイミング良く10月24日から年明けの1月15日までロン・ウッドの絵画展をやっていたのだ。

同じくこの予定表にはないものの、ニューヨークの「観光」で思い出深いのは、ハーレムだった。「危ないから絶対に行ってはいけない」などとガイドブックに書いてある。だとしたら、どこが何がなぜ危ないのかをこの目で見てみようと思った。しかし、これもまた、何が何でも行ってみようというよりは、そういう機会があったら流れで、と思っていた。そうしたら、12月27日にその機会が巡ってきた。

その日はもともと、ビリー・ジョエルの2度目のコンサートをロング・アイランドのナッソー・コロシアムまで観に行こうと思っていた。方向音痴は、流れに身を任せるのに有効なのかもしれない。ナッソー・コロシアムを探しにコロンバス通りから地下鉄（Aトレイン）に乗り、ダウンタウン方面へと向かったが、どうも様子が変だ。そこで、ナッソー・ストリート駅の辺りで女性にナッソー・コロシアムの場所を聞いてみたら、"Far Away"と言う。あれ？　地図でも探してもらうと、クイーンズのはるか東の彼方だ。ナッソー・ストリートのナッソーとはまったく違うということがそこでわかった。そもそもロング・アイランドがどこにあるのか、まったく確認

Woody's

せずに向かうほうがどうかしていると思うが、こういうことは今でもよくある。これも「性格ゆえに」と言うしかない。

それでこの日のビリー・ジョエルのライヴはあきらめて、Aトレインでアップタウン方面のハーレムに行くことにしたのだ。

普段、マンハッタンの街中を歩いている時から背中に目を付けて歩いていたぐらいだから、ハーレムでも同じような緊張感はあったと思う。けれども、ハーレムだから特に、ということはまったくなかった。歩いている人をほとんど見かけることはなく、アポロ・シアターを見たりしながら、それほど長居はせず、30分ぐらい歩いてからYMCAに戻った。

ハーレムの印象について、「日記」にはこう書いてある——。

「ハーレム周辺（またはその北側）は、ダウンタウン1番街から2番街のバウリー・ストリートと同じく、街がさびれていて店も少ない。坂が多いのも特徴（ちょうどハーレム川に至る辺り）。猫も食いもんに困っているような所でもあった。それがセントラル・パークまで来るといきなり高級住宅地に変わるのだから、その違いにびっくりさせられる」

今でもよく覚えているのは、毛が逆立ったように見える猫の様子と表情だ。

ハーレムに行った翌日には、自由の女神像へと向かった。ただし、観光地だから行こうと思っていたわけではない。ジョン・レノンがVサインをしている写真があるから、「ゆかりの地」のひとつとして行ってみようと思っていたのだ。久しぶりに暖かい陽気で、風も生温く、手袋なしでも大丈夫だったが、自由の女神像付近はさすがに風が強くて寒かった。真下からとらえた写真を撮りたかったので、その目的も果たせた。

残る観光地は、入れなかったグッゲンハイム美術館、メトロポリタン美術館、近代美術館辺りだが、行けたのはニューヨークを離れる1日前の1月7日だった。どうしても行き

ハーレムのネコ

たかったのだろう（近代美術館は、時間がなくてあきらめた）。

まず昼過ぎにグッゲンハイム美術館に着き、1時間ほど観たが、出る時は入館待ちの行列ができていた。続いてメトロポリタン美術館も2時間ほど堪能した。以下、「日記」をそのまま転載する。

〈グッゲンハイム美術館〉

フランク・ロイド・ライトが建築した回廊式の丸い建物で、電光掲示板のようなメッセージが建物の周りに沿って下から上へとほぼ切れ目なく（ひとつのまとまりごとに）続いていく。それを下に座って眺め続ける人が多い。

自由の女神像

メッセージはいわば箴言といったところで、結構皮肉が効いている。6階まで回廊式に続いていて、4階辺りから周りの壁に絵（抽象画がほとんど）が掛けられている。肌に合う絵が多く、ホイットニー美術館と並び楽しめた。

〈メトロポリタン美術館〉

何せ広い。全体的に見て、ヨーロッパにしろアメリカにしろ、昔の金持ち（つまり貴族など）を描いた（それも硬い筆致＝ぎらぎらした絵）ものが多いので、それらはほとんど素通り。最も面白かったのが、古代エジプト（BC2600～AD初め）の遺跡とミイラ（棺）（※プリズナーを型どった石膏もあり）、昔の楽器（特にインド――シタール、タンブール、タブラ、他にダルシマーも。どこの国かは不明）、あとはインドの古いものあたり、ギターも古いやつはなかなか。絵では現代の抽象画も少しはあったが（アンディ・ウォーホルひとつほか）、いまひとつ。イラスト風のは良かった。当時の「普通の」人々の生活なりがわかるものがやはり面白い。

もう1ヵ所、「ゆかりの地」でぜひ行きたいと思っていたのは、大リーグのニューヨーク・メッツの本拠地シェア・スタジアムである（現在はシェイ・スタジアム表記）。ビートルズが65年8月15日に野球場（野外）で初めてコンサートを行ない、当時の観客動員記録（55600人）を作った歴史的な場所だ（ビートルズ視点で見れば、の話だが）。野球シーズンだったら間違いなく中に入ったはずだが、この時期だとそうはいかない。しかも、行ったのは90年代の幕が上がった日＝元日である。この日は快晴で寒さもそれほどではなかった。

「シェア・スタジアムに行くなら地下鉄で」と、日本を発つ前に聞いていたので、タイムズ・スクエア駅から30分ほどかけて地下鉄で向かう。個人的には、自宅の最寄り駅を走っている目蒲線（現目黒線と多摩川線の一部）の目黒から蒲田まで行く感じだった。正月なので人っ子一人いない。周りには他に建物がないため、風が強く肌にしみる。シェア・スタジアム自体は青く塗られ、作りはかなり新しくなっているため、昔の面影はない。午後3時頃まで15分ぐらいかけてぐるっと回りを歩き、65年当時に思いを馳せながら、「空気」だけ吸ってきた。

ちなみにシェア・スタジアムは09年に解体され、それを引き継ぐように、スタジアムの隣の駐車場に新たにシティ・フィールドが作られた。08年7月に最後にコンサートを行

シェア・スタジアム

ブルックリン橋の前で（1990年1月6日）

なったのはビリー・ジョエルで、アンコールにはポールが登場した。

その6　ニューヨークでのメシ

「ビートルズと相撲とカレー好き」とプロフィールに書くようになったのはこの10年ほどだが、12月10日に記載した予定表を見ると、すでにかなりのカレー好きになっていたことがわかる。先に触れたように、食べ物に関しては、ニューヨークにはあらゆるものが揃っていた。だが、レコードを買うために――と言ってしまっていいと思うが、食事はマックを中心に、とことん切り詰めていた。

「日記」には、ニューヨークのことは何でも記録しようと思っていたに違いない。それだけ時間があったということでもあるけれど、書くために日々過ごしていたと言ってもいいほどだ。何せ、「NYでの食事代」まで項目別に毎日付けていたのだ。全部で3項目――「メシ（セットの場合は飲み物も含む）」「スナック・菓子」「ジュース・アイス」という、なぜこの3つなのか？　と思えるような分類だが、メシの代わりに菓子を食う（間食が多い）という子どもの頃からの習慣のまま20代を過ごしていたのがこれでわかる。
そのリストを見ると、すべての飲食代を含めて1日10ドルを超えたのは16日で、1日の最高は27ドル。アメリカ旅行の1日平均飲食代は、8・4ドルとなっている。「メシ」だけに限ると、10ドル超えは5日しかない。マックの他によく利用していたのはデリカテッセンだった。日本には、この手の総菜屋はまだほとんどなかったと思う。12月11日に、こんな記載がある。

デリの利点
・食べたいものをいくらでも選べる（量の多少問わず）。
・24H営業のためいつでも腹が減ったら食える。
・海苔巻きなど日本食もある。

デリの欠点
・持って帰って部屋で食う時に冷めている。
・欲張っていろいろとると金がかかる（平均4〜5ドル）
（早出来中華料理店の方が熱いものを安く食える）。

食事はほとんどマックとデリとカップヌードル。……という具合だから、「ちゃんとした店」で「ちゃんとした料理」を食べる機会は限られていた。そうした中で、ちゃんと食べた数回の食事に関して──主にカレーについてだが、それもいろいろと書き残してある。ボストンのインド料理屋で美味しいカレーを食べてからは、開き直って（？）うまいメシ（＝高いメシ）を食べるようになった。

まず12月23日。1番街と2番街の間の6丁目には、インド料理屋が10軒ほど並んでいて、値段も3・85〜5・85ぐらいと安い。そのうちの1軒に入り、チキン・チャーハンを食べた。ブラウンライスとおそらくパンのどちらか＋スープ、それに福神漬けもどきが出てきた。

翌24日には、ガイドブックに載っていた「ダウンタウンで1、2を争うほどうまい評判」というミリタリー・ウェスト へ行った。「今後の予定」に入っていた店だ。カレーは6種類ぐらいあり（パイナップルで味付けしたやつほか）。"Hot"（辛い）の文字が目に留まり、ダンサック・カレーのマトンを頼む。でっかいパン2つ、ライス、福神漬けもどき、キムチもどき＋ジャム2種類、スープとぜいたくな内容で、全部食うとかなり腹いっぱいになる。歩いていても胃が膨張していて痛むほどだ。

食べている時にこんなことがあった。ガイドブックに支店の住所を書いていたら、店員が寄ってきた。それで「この店も載っている」と言うと、総勢6人ぐらいが集まってきて、みんなでワイワイしながらそれを眺めている。店内は暗いので、店員が明るい所に本を持っていき、しばらく見ている。そうしたら、おそらく店長が寄ってきて、こっちに向かって"Thank you, Sir"と一言。その後、他の店員とこんなやりとりをした。

「この本はこっちで手に入るのか？」

「たぶん、日本の（本を扱っている）本屋で買えるよ」

「なぜ持ってるんだ？」

「日本の本屋で買ったんだ。ニューヨークは初めてなので、ガイドブックが必要だったから」

「日本で何をやってるのか？」

「フリーランス・ライター、音楽の。（この手のガイドブックを書いているのかと思ったようだが）

こっちに来たのは観光が目的だよ」

「こっちは寒いでしょ？」

「すごくね」

こういうちょっとしたやりとりがまた嬉しい。ガイドブックを持っていて、いつものようにマメに「記録」をしていたおかげで、思わぬ時に思わぬ経験ができた。さらにその男の店員が、横に立っていた女性従業員を指して"She likes beard（顎髭を生やした人が好き）"と言う。今度また店に来たら、ディナーに誘ってくれ、とか何とか……。いや、金がないから無理だ。

続いて12月26日には、23日に続いて1番街と2番街の間の6丁目にあるカレー屋へ行ったが、目的の「シャゴリカ」は改装中で入れず。仕方なく、その3軒並びの「SHAAGUREKA」へ。そこを選んだのは、シャゴリカに名前が似ているのと、ランチタイムはコーヒー付きで5ドルという安さに惹かれたからだ。入るなり、人数を告げると、店員がアゴでそこに座れという感じの接客だ。こりゃ、ちょっとマズかったかと思いながらテーブルに着くと、カントリー系のBGMが聞こえてきたので、さらにマズかったかと思い、出てきたカレーを食べたらやはりマズかった――というオチが付いた。

1月3日には、たまたま元日に見つけたタイ料理屋に行った。以下、「日記」の記述を引用すると――ランチタイムは4・50ドル。もちろんカレーを注文する。辛さはいかに？　と思っていたら、出てきたカレーはインド料理とは作りが根本的に違う。ピーマン、タケノコ、トマトにココナッツミルクをベースに加えた、いわば野菜炒めをご飯にかけたようなものだ。だが、インド料理より辛いのがいい。味もこのほうが合う。ただしカレーとは言い難い。

「日記」の記述を読んでわかるのは、これが初めて食べるタイ・カレーだったということだ。「カレーとは言い難い」という記述が可笑しい。

―その7― YMCAでの生活

YMCAを選んだのは、ダコタ・ハウスから近いのに加えて（歩いて5分ぐらいの距離）、もちろん安かったからだ。1日28ドルのホテル代を、最初は2日分ずつ払っていたが、しばらくして3日分となり、その後は5日分、さらに年明けには一気に残りの9日分を支払った。日々、お金のやりくりを考えながら過ごしていたので、支払いに関して自由度が効くのはありがたかった。だが、防犯（セキュリティ）に関してはかなりゆるく、誰もが出入り自由。フロントを素通りしても何も言われず、エレベーターで勝手に上まで上がれてしまうのだ。

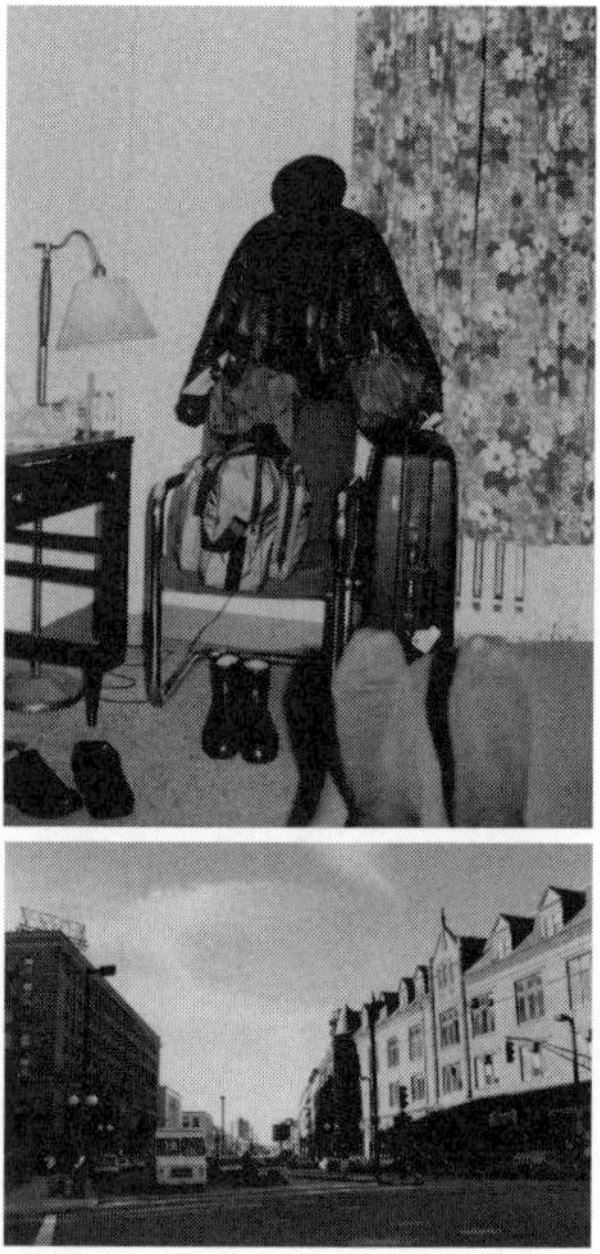

YMCA（上：ニューヨーク、下：ボストン）

部屋番号は1240だったので、12階だったと思う。部屋の広さは4畳半ぐらい。ボストンとケンブリッジでもYMCAに泊まったが、部屋に入ってみて、ニューヨークの部屋の狭さがわかった。ただし、ボストンとケンブリッジは電気が暗く、電話もなかった（ケンブリッジにはテレビもなし)。一長一短だ。

寝る時以外に部屋に長くいることはそれほど多くはなかった。長くいる時は、ファンクラブの会報の連載や『オール・ザット・ポール・マッカートニー』という書籍用の下調べなどをして過ごした。映りの悪いテレビはほとんど観ず、もっぱら年末年始だけ楽しんだ。年末にNHKを観たら、正月を海外で過ごす人は42万人で、昨年より14%アップ、なんていうニュースもやっている。元旦の朝8時からは「NHK紅白歌合戦」の放送もあるようだ。そのまま大河ドラマ「春日局」(日本では89年1月1日~12月17日放映)を観た。CMまで入るのには驚いたが、これが面白い。面白いのは英語の字幕が、である。いくつかメモをした。

「そなたじゃ、そなたしかおらぬ」(You, and you alone)
「幕府」(Shogunate)
「申し訳ございません」(I am so sorry)
「ええい、やかましい」(Silence!)
「かたじけない/大儀じゃったのう」(Thank you for~)
「何をたわけたことを!」(That's ridiculous)

「かしこまりましてございます」（Very well, My Lord）

リンゴがカヴァーした「オンリー・ユー」の原題は「Only You（And You Alone）」だが、この会話に準えれば「そなただけじゃ、そなたしかおらぬ」という訳になりそうだ。最後のもスゴイが、日本語は表現の幅が広くていいと改めて思う。正月明けには、4チャンネル（フジテレビ）で『北の国から'89帰郷編（前・後編）』も観た。

他に地元の音楽番組で観たのは、マイルス・デイヴィス、ジョン・コルトレーン、カール・パーキンスの昔のライヴや、タジ・マハールやトッド・ラングレンがゲストで出演した『デヴィッド・サンボーン・ショー』ぐらい。あとはWNEW-FMで12月から始まった『ロスト・レノン・テープス』や、同じく大晦日にWNEW-FMでやっていた『聴取者が選ぶ80年代のベストLP、ベスト・ソング特集』などだった。年末特番の「ベストLP」の18位から1位は、聴きながら予想もしつつ書き残したが、ポールの『TUG OF WAR』やジョージの『CLOUD NINE』はさておき、マイケル・ジャクソンの『THRILLER』やプリンスの『PURPLE RAIN』が入らない〝白人&ロック寄り〟の結果だった。

⑱The Rolling Stones /TATOO YOU（1981）⑰John Lennon & Yoko Ono/DOUBLE FANTASY（1980）⑯Steve Winwood/BACK IN HIGH LIFE（1986）⑮AC/DC/BACK IN BLACK（1980）⑭Pink Floyd/THE WALL（1979）⑬Dire Straits/BROTHERS IN ARMS（1985）⑫Yes/90125（1983）⑪Bruce Springsteen/TUNNEL OF LOVE（1987）⑩Paul Simon/GLACELAND（1986）⑨Def Leppard/HYSTERIA（1987）⑧Rush/MOVING PICTURES（1981）⑦Tom Petty/FULL MOON FEVER（1989）⑥Peter Gabriel/SO（1986）⑤The Police/SYNCHRONICITY（1983）④Guns N' Roses/APPETITE FOR DESTRUCTION（1987）③Traveling Wilburys/VOLUME ONE（1988）②Bruce Springsteen/BORN IN THE U.S.A.（1984）①U2/THE JOSHUA TREE（1987）

ニューヨークでは「外」でもいろいろあったが、「中」でも楽しい出来事がいくつかあった。たとえば12月下旬に部屋でくつろいでいた時のこと。ドアをノックされたので開けたら、見知らぬ男が立っている。コロンビア大学の学生で、医者を目指していると言う。

「ダウンタウンまで戻る予定だが、お金がない。数時間で必ず返すから、10ドル貸してほしい」。続けて「ここで立ち話をしているのもなんだから、部屋に入れてもらえないか」と、半ば強引にドアをこじ開けようとする。もちろん、そうはいかない。10ドルならまあいいか、と思い、必ず返すようにと言って渡した。もちろんお金は戻ってこなかった。「10ドル」はここで使う予定でもなかったはずだが……。YMCAのセキュリティの甘さは、こんな事態も引き起こす。

これには後日談がある。大晦日の夜、タイムズ・スクエアに向かう途中に、ジャマイカから来たという男性に声をかけられた。「コロンバス・サークルはどこか？」と言うので、「すぐそこだ」と返したが、「タイムズ・スクエアへ一緒に行こう」と言う。しばらく一緒に歩いていたら、ポンドしか持っていないので、両替ができるか警官に聞きに行くといっていなくなった。……と思ったら、また戻ってきた。そこでこんなセリフが飛び出した――「医者になるつもりでコロンビア大学に通っている」。

「こいつもか！」と思いながら、しつこく絡むので、同じセリフをちょっと前に別のやつから聞いたと言ってその場を去った。そのまま、人で溢れるタイムズ・スクエアに着いて、ふと右をみたら、日本人観光客がいた。そうしたら、その観光客に声をかける男性がいた。「コロンビア大学の学生ですが……」。

「日記」には、こんなメモ書きが残っている。

キーワード
⓪有名な場所を聞く　①ジャマイカ　②ポンド　③両替　④医者　⑤コロンビア大学
⑥パスポート

「キーワード」の前には、当然「詐欺的」という言葉が付く。「パスポート」のことが何を指しているのかは忘れたが、紛失したので困っている、といった程度の話だろう。ジャマイカといえば、その前の12月3日、ジャマイカの黒人にウォール・ストリートへのタクシー代22ドルを貸したこともあった。これも同じような手口だろう。

YMCAでの忘れがたい思い出はもうひとつある。ヴィレッジ・ピープルに「YMCA」という79年に全米2位となったヒット曲があり、日本でも西城秀樹が「YOUNG MAN

（Y.M.C.A.）」のタイトルでカヴァーしてヒットさせたので、YMCAというと、その曲のイメージが強いかもしれない。その一方で、ヴィレッジ・ピープル自体、ゲイをコンセプトにしたグループであり、泊まったYMCAも、9割かそれ以上、若い男性客が多かった。周りにゲイの知り合いはいなかったが、ニューヨークならゲイもあちこちにいるだろう、という程度に思っていた。

YMCAはシャワーもトレイも共同だったが、シャワーの設備が、個人的には建物内のあらゆる防犯上での最大の脅威だった。40センチ幅ぐらいの木戸を手で押して中に入り、4つぐらい並んでいる狭い場所のひとつでシャワーを浴びるのだが、これじゃ、いつ誰が入ってきても防ぎようがない。街を歩く以上の緊張感で毎回シャワーを浴びたものだ（それもあってか、4日に1回ぐらいしか浴びなかった）。

そんなある日、夜中の2時頃だったと思うが、シャワーを浴びようと「木戸」の前に向かうと、その手前にある広い洗面台の前に、パンツ一丁の若い男が立っている（パンツは黒だった）。ボディビルの選手のような恰好で、鏡に向かって腕でポーズを取りながら、だ。「まあ、いいか」と思ってシャワーをソッコーで浴びて出たら、その若い男はいなくなっていて、今度は右手の方に別の若い男が立っている。目をやると、手招き（というか指招き）をしながら、「部屋に来ないか？」と言う。確証はないけれど、ゲイとの出会いはこれが初めてのことだったと思う。即座に部屋に戻ったのは言うまでもない。

―その8― 12月8日

ニューヨーク行きを決めた「12月8日」がやって来た。80年12月8日の午後10時50分にジョンが撃たれてちょうど9年になる。ニューヨークに着いた翌朝、最初に向かったのはダコタ・ハウスとセントラル・パークだったが、この日はきっと、格別に違いない。

部屋を早めに出ようと思っていたが、荷物（主にレコード）の引き取りに日通が来るのと重なったため、ポールの本などを読みながら部屋でしばし待つ。そして、荷物を渡した後、昼の12時に出てセントラル・パークに向かうと、すでに20人ぐらいがストロベリー・フィールズの記念碑（庭園）の前にたむろしていた。「IMAGINE」の石板（モザイク）には、それまでに置かれていた花束に加えて、ジョンの小さな写真やメッセージなどがたくさん

昼すぎ（14時40分頃）のストロベリー・フィールズ前（1989年12月8日）

飾られている。ローソクも数本立てられている。

そうしたら、きのうレコード屋で見かけた日本人が来ていたので、あれこれ喋り、写真も撮ってもらう。そこにいたもう一人の日本人とも話す。この日にここにいるのだから、二人とも大のビートルズ・ファンなのだろう。

きのう会った日本人は、10月9日にもニューヨークにいたというから「筋金入り」だ。ストーンズとキンクスのコンサートを観た後、ロンドンとリヴァプールに行き、ザ・フーも観たという。ロンドンだかマンチェスターだかの店のジュークボックスで聴いた「Ask Me Why」は、ヴォーカルがかすれていたり、エコーがかかっていなかったりと微妙に違う気がしたとも言っていた。ニューヨークのレコード屋や、『ロスト・レノン・テープス』の放送のことを教えてくれたのも彼だった。ジェファーソン・ホテルに泊まっていて、ポールの公演を観たら日本に帰るという。

もう一人の日本人は、23丁目のホテル(一泊15ドル)に泊まっていて、そこの従業員として働いているのでホテル代はタダ、しかも夕食付きだという。ニューヨークには1ヵ月以上前からいて、カナダを回ってから来たと。12月25日で90日滞在になるので、その頃に帰るという。

そんなこんな、オタク話も交えて喋っているうちに打ち解けて、3人でピザ屋に入り、寒さを凌いだ。だが、雪も降ってきて、あまりにも寒いので、YMCAに一旦戻り、さらに着込んで出直すことにした。再度3人でまたピザ屋へ入り、22時過ぎにストロベリー・フィールズに戻った。「午後10時50分」をそこで迎えるのは、暗黙の了解事項だった。日本人も10人ぐらいはいたと思う。ところが、その時間が近づくにつれ、空を指さして「見て、あれはジョンよ!」と叫ぶ女性がいたりと、ノリがどんどん宗教がかってきた(「日記」には「『巨人の星』の星一徹じゃあるまいし」と書いてある）。さすがにこれにはついていけない。11時過ぎにダコタ・ハウス前で日本人2人と別れてホテルに戻った（9日になるのを見届けようと、その後もう一度ぶらっと足を運んだ）。

「12月8日」にその場所にいられたのは良かったものの、それ以上の感慨はなし。集団で何かをやるのがもともと得意ではないので、むしろ、ウマの合う日本のファンに会えたほうが嬉しかった。

夜（0時ちょうど）のストロベリー・フィールズ前

その9 ニューヨークでのコンサート

❶ローチェス&ポール・マッカートニー

80年の「幻の日本公演」から約10年。ついにポールのコンサートを目の当たりにできる日が近づいてきた。ニューヨーク行きを決めた時には、まさかポールのコンサートもそのタイミングで観られるなんて思いもよらなかった。

ポールのMSG公演は12月11日、12日、14日、15日の4回ある。「日記」を見て思い出したが、11日の最初の公演はファンクラブの人にとってもらったものだった。

ニューヨークにはブルー・ノートのような有名なジャズ・クラブもあるが、観る機会があるなら、ビリー・ジョエルが76年に出たボトムラインで観られれば最高、と思っていた(YMOも79年11月に出た)。そんな中、11月25日にたまたま入ったレコード屋(コロニー)で、ローチェスの、しかもボトムラインでのライヴ情報を目にしたのは、何とも運が良かった。

ローチェスはニューヨーク出身の女性3人組(3姉妹)で、日本での知名度は高くはなかったが、2枚のアルバムをキング・クリムゾンのロバート・フリップがプロデュースし、ギターでも参加していた。ロバート・フリップの関連レコードを集めているうちに知ったグループだったが、「Hammond Song」と「Losing True」のフリップのギターが抒情的で素晴らしい。そんなきっかけもあり、その後に出たアルバムもすべて買っていた。「まさか生で観られるとは！」という思いでライヴを待ちわびた。

そんなわけで、12月1日にボトムラインで観たローチェスが、ニューヨークでの初ライヴとなった（チケットは11月27日にボトムラインの窓口で15ドルで購入）。1日2ステージあり、観たのは2ステージ目＝23時開場という遅い公演である。早めに着きすぎたのでマックやタワー・レコードなどで時間をつぶし、22時半にボトムラインに行くと、すでに30人ぐらい並んでいる。ローチェスは23時50分に登場し、夜中の1時40分まで2時間弱のステージだった。

ボトムラインのステージ前方は、丸テーブルで計120席ぐらいあり、中央より後ろは左が長椅子で、右は丸テーブルで計180席ぐらい。中央より後ろの席の前方・真ん中・左右に2本の柱がある。観たのは、長椅子のいちばん左端の最前列で、ステージからは10メートルぐらいの距離だった。前のテーブル席との切れ目のいちばん前の、しかも角だったので、斜めからとはいえ、ステージが見やすかった。

ステージ左からテリー、サジー、マギーの順に並び、曲によっては中央にテリーとサジーが来ることもあった。出たばかりのアルバム『SPEAK』（11月14日発売）からの曲が中心だったが、好きな「Quitting Time」と「Hammond Song」も聴けた。観客とのやりとりの際に「Bobby's Song」をやってくれとせがむ観客に名前を聞き、"It's not my original"と言ったり、生の雰囲気も十分である。サジーが乗せ、マギーは淡々と、テリーはエレキ・ギターをさりげなく……といった感じだった。メンバー紹介でサリーがテリーのギターを「チック・コリアみたいだ」と言っていた。

中盤にマギーが中央で「The Angry Angry Man」を歌った時には、間奏でマギーが面白い踊りを披露して場内が大いに沸く。「Losing True」をやらなかったのは残念だったが、「日記」にはそれ以上に残念なこととして「ウォークマン録音失敗がイタイ」とある（録音もできるウォークマンを持って行った）。続けて「これだけ間近に観られ、かなり楽しめた。もしかしたらポールよりも印象に残るかも。存在感のある3人組だ」などとも書いてある。「ポールよりも印象に残るかも」なんて、この時点で書いてしまっていいのだろうか？

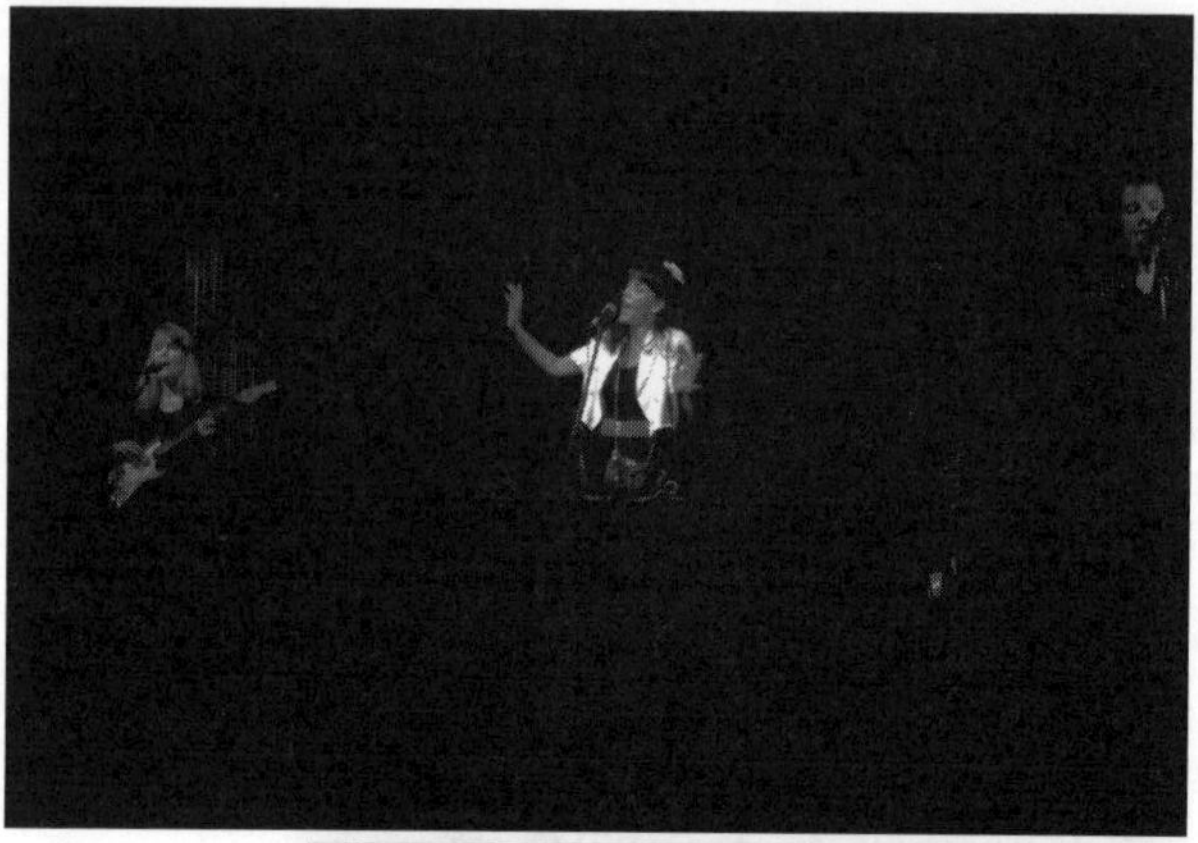

ボトムラインで観たローチェス（1989年12月1日、2日）

感激の度合いがそのくらい高かったのだろう。

興奮冷めやらぬ中、翌2日も観に行くことにした。昼前にボトムラインに着いたが、23時半出演分は売り切れだったので、20時半のを買う。17時半に覗いたら1人だけ並んでいたが、マックで「持ち帰り用」を買ってまた戻ってみると、4人に増えていた。そのまま並び、今度は中央右手の、ステージまで8メートルぐらいの場所で観た。椅子の配置が前日とはやや異なっていたが、数えてみたら全部で285席だった。ライヴは20時50分から22時35分まで。きのうはタクシーで帰ったが、これなら帰りは地下鉄でも安心だ。隠し録りもこの日はばっちりである。

ちなみにボトムラインの出演者は、ローチェスの前後の日がダニエル・ラノワとデイヴ・メイスン・バンドで、その後はトレヴァー・ラビン、ジャック・ブルース・バンド、ジョーン・バエズ（12月8日）と続き、他にジンジャー・ベイカーやタートルズなどの出演告知もあった。お金との兼ね合いもあったが、もう少し観ればよかったと思う（ボトムラインは2004年に閉店）。

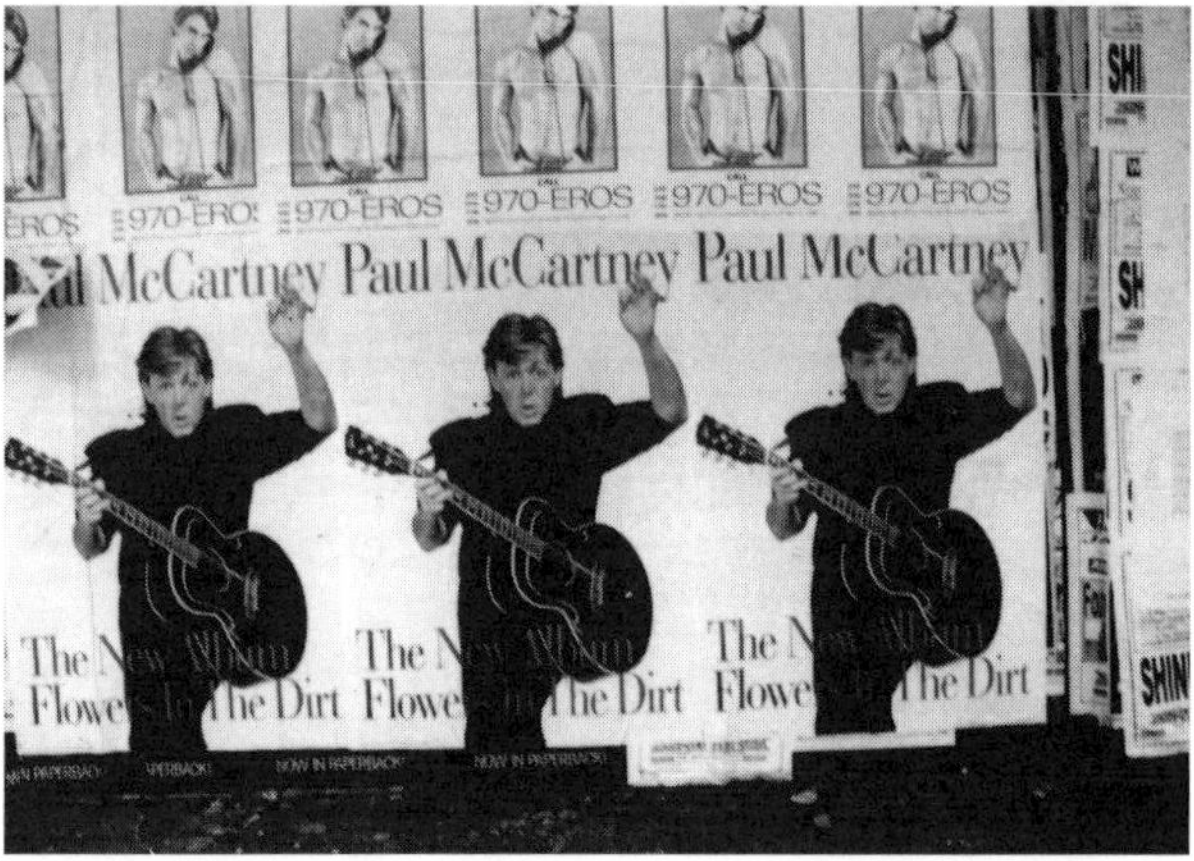

ポールのコンサート・ポスター

そして12月11日。ポール初公演の当日となった。気温が高く（2〜3度ぐらい）、風もない暖かい陽気だった。52丁目のコロニーに貼ってあったポールのコンサート・ポスターを写真に収めた後、MSGまで一度早めに行き、マックで録音の準備などをして、その時を待つ。入り口ではカメラとウォークマンのチェックがそこそこ厳しかったが、19時過ぎに中に入ると、12月8日に会った日本人に再び遭遇した。よほど縁があるのだろう。45ドルでダフ屋から買ったという。席を聞いたら最後列から2番目というから、ほとんど一緒だ。

MSGといえば、ジョージの「バングラデシュ・コンサート」（71年）やジョンの「ワン・

1989年12月11日。初めて目にした"生ポール"

トゥ・ワン・コンサート」（72年）やウイングスのライヴ（76年）が開催された場所でもある。バスケットボールほかスポーツでも使われる楕円形の会場だが、入ってみると、中はだだっ広い。席は、ステージの真横よりさらに内側だったが、観られれば十分、である。

開演前にポールの『THE FAMILY WAY』のテーマ（バラードのほう）や「Singalong Junk」などが場内に流れ、その後「Ou Est Le Soleil（太陽はどこへ？）」のインスト版が延々と続く。開演は20時15分。まず20分ほどのフィルム上映があり、「NOW」の文字が映し出される。場内は、割れんばかりの歓声だ。ポールがステージ中央にゆっくり手を挙げながら歩いていくのが見え

12月11日公演

る（1センチ以下の大きさだが）。22時50分までの2時間半を超えるステージだった。演奏中に普通に写真を撮っていたら係員に見つかり、フィルムを抜くぞと言われたが、何とかそのままで済んだ。この日の「日記」にはこう書いてある。

・思ったよりいいライヴ（特に「Can't Buy Me Love」「Back In The U.S.S.R.」「Golden Slumbers〜The End」）

・ポールの声は相変わらず出ない。

・ステージ構成派手（「Live And Let Die」のマグネシウム、「The Fool On The Hill」のピアノ上下回転）

……すでにブートで聴いていたので、それと比較した感想になっているが、感動した様子があまり伝わってこない。ローチェスのライヴ後に「ポールよりも印象に残るかも」と書いたのは本当だったのだろうか。思うに、感激度の薄さは、いわば観客の楽しみ方の違いが一因だった。もちろん日本の観客は、ライヴ中はおとなしくてお行儀がいいと（当時はまだ）言われていたのは知っていた。とはいえ、たとえば「Ebony And Ivory」や新曲「My Brave Face」が始まったのに席を離れる人が意外に多いのだ。3曲目の「Rough Ride」の〝盛り下がり〟ようといったらない。盛り上がるのは、ノリの良い曲か観客が知っている曲——といえばビートルズとウイングスの超有名曲ぐらいである。音響も、（当時の）東京ドーム並みの悪さだった。観られれば御の字と思ってはいたものの、アリーナの30列以内だったらまた違ったかもしれないと思った。

翌12日以降の3公演は、ファンクラブから紹介された人のチケットを譲ってもらう予定だったが、一向に届かず（あとでわかったが、現金が入っているのではないかと疑われ、郵便局で長い間「足止め」を食ってしまい、手元に届いたのは12月27日だった）。そのため、すでに完売のチケットを自力で何とかするしかなくなった。「自力で」というのは、もちろん「ダフ屋に声をかけて」ということだ。「ダフ屋との駆け引き（ダフ屋とのたたかい）」の始まりである。

12日は16時50分にＭＳＧに着き、早速ダフ屋と交渉を開始した。最初「75ドルだ」と言うので、「知人がきのう45ドルで買った。それ以上は払えない」と言うと、「大丈夫だ」と言いながら、警官に見つからないように隅の方に連れて行こうとする。そのまま歩いていると、別のダフ屋が現れて「オレの客だ」と2人でケンカを始めたから驚いた。縄張りでもあるのだろうか。ショバ代を払わないといけないのだろうか。そこで「45ドルなら買う」とまた言ってみたら、「50ならいい」と言うので、それで手を打った。チケットを確かめ、50ドル支払って別れようとしたが、話はまだ終わらない。今度は別の仲間が寄ってきて、チケットを買ったダフ屋を指さして「こいつに5ドル、チップを払ってやってくれ」と言う。交渉していたのは、どうやらダフ屋の使い走りだったことがわかった。対して「45ドルまでしか払えないところを50ドル払ったんだから、5ドルはお前がそいつに払ってやれ」と強く言い、そのままその場を立ち去った。今だったら5ドルを渡したと思うが、お金を切り詰めていたので、少しでも無駄は省きたいと思ったのだろう。筋を通し過ぎる性格もあると思うが、ダフ屋がそのまま引き下がってくれて良かった。

マックできのうのポールのライヴ・レポートをざっと書き、30分ほどMSGの前で開場を待つ。この日も19時過ぎに入場したが、カメラはしっかりチェックされ、保管されてしまった。席に向かうと、またまた偶然、きのうの日本人に会った。しかも隣の隣の席だった。つくづく縁があると思う。聞くと、50ドル＋チップ5ドルでチケットを買ったという（チップ代も払ったのか…）。間にいた人と席を代わってもらい、始まるまでしばし話した。

構成はきのうとまったく同じで、メンバーの大きさも6ミリぐらいである。終演後、彼とマックで0時過ぎまで話をした。63年9月生まれだそうで、予定どおり明日の夜に日本に帰るという。この筋金入りのファンも、今ごろ、どこで何をしているのだろうか。

ポールの2度目のコンサートを観た翌日、ファンクラブの会報用に「ライヴ・レポート」を書き、明け方に中央郵便局から郵送した。送る前に最後の見直しをホットドッグ屋でやったが、店員が"Fuckin' February weather"と言ったのはその時のことだった。

ファンクラブの会報誌90年2月号に掲載されたそのポールのニューヨーク公演の「ライヴ・レポート」（無署名）を久しぶりに読んでみたが、演奏順に淡々とまとめた内容で、正直、自分でも面白いとは思えなかった。

14日も、チケットのないままポールの3度目のコンサートへ。警官が少し立っていたので、いなくなったのを見計らい、ＭＳＧの前でダフ屋と交渉開始だ。この日はこんなやりとりである。

「いい席あるよ」

「いくら？」

「75ドルだ。今日が最後だから、観る人も多くて高くなる」

「（チケットを見ると4階のひどい席……）おととい45ドルで買った。今日じゃなくて明日が最後だろ」

「…そうだ、この2日が高くなるんだ。（3階の席を見せて）60ドルでどうだ？」

「50ドルなら出す」

だが、それ以上は下げようとしない。他のチケットも見せてもらったが。どれも3階の「316セクション」で、あまりいい席じゃない。「55ドルで手を打つ」と言ったが、それでもダメ。そうしたら「チップも込みで60」と言うので、仕方なく手を打った。

カメラは12日は保管されてしまったので、この日は革ジャンの内ポケットのさらに奥まで突っ込んだ。どういうことかというと、革ジャンの内ポケットにでかい穴が開いていたの

12月14日公演

で、これ幸いにと、そこから腰の位置ぐらいまでカメラを落とせば、「ボディ・チェック」をされないかぎり見つからないのだ。19時20分に中に入ったが、この日は残念ながら(?)、入口でのカメラ・チェックはまったくなしだった。席は11日の初日と同じく、演奏者の側からアリーナを観る――ステージを観るよりも客席を観る――といったほうがいいような席だったが、ステージにも会場の雰囲気にも十分慣れてきた。

そして12月15日は、ポールのニューヨークでの最終公演。今日はダフ屋とのどんな戦いが繰り広げられるのだろうか。

16時半にMSGに着き、早速ダフ屋を見つけ

12月14日公演

る。「今日は最終日だから150ドルだ」——高くなるだろうとは予想していたが、「とんでもない、高すぎる」と言うと、この日のダフ屋は良心的（？）だった。交渉を続けていくうちに、130→120→110→105へとどんどん下がっていく。

そうしたら「これはいい席だ、今日はゲストにマイケル・ジャクソン、リンゴ・スター、スティーヴィー・ワンダーが出るぞ」とムチャクチャなことを言う（スティーヴィー・ワンダーはロサンゼルス公演に続いて「Ebony And Ivory」で出てくるかもという淡い期待はあったが）。さらに「60ドルまでしか出せない」と粘ると、座席表を見せて「いい席だ」と。たしかに悪くはない。別に買い手が

12月15日公演

2人やって来たので、どうしようかと、瞬時に考える。あまりにこちらが粘るので、ダフ屋が100ドルまで下げ、それ以上は無理だろうと判断し、100ドルで買うことにした。きのうと同じ60ドルまでならと思っていたので、Tシャツ代（2枚で40ドル）はあきらめた。

この日も19時20分に中に入る。もちろん隠し録りの準備もばっちりだ。開演前の「ステージ上」も、初めて間近で観た。席は、4回観た中では最も良かった。計4回のステージの座席も含めて、「日記」にはこう記されている。

ポールのライヴ

12/11 331 E11（Gate 24）28.50ドル　右の真横よりもさらに後ろ側（3階）

12/12 342 C2（Gate 16）50.00ドル ステージ正面やや右より（3階）
12/14 316 K7（Gate 21）60.00ドル 左の真横よりもかなり裏手（3階）
12/15 309 D9（Gate 19）100.00ドル ステージ左斜めの半分よりわずかに後（3階）

チケット代は、4回で計238・50ドル。1日平均59・6ドル＝8350円。ずいぶん安いと今は思う（その後、チケット代がどれだけ上がったかということだが）。とはいえ、席はどれも満足のいくものではなく、観客のノリや反応なども予想していたものではなかったが、ステージに登場した瞬間の「目の前にポールがいる！」という感動は忘れられない。最初のステージの時は初の「生ポール」だったから、感激ひとしお、である。ステージに姿を現した瞬間の「おおーっ！」という想いは、その後ポールのライヴを何度観ても変わらない。

その10　ボストン旅行

ニューヨークとシアトルに行くことは最初から決めていたが、時間があれば、マンハッタンからそれほど遠くない都市（州）にも少し足を延ばせれば、と思っていた。そこで、行こうと決めたのがボストンだった。20代の頃は、ビートルズ好きの美大の知り合いと会う機会が多く、「オレのロンドン日記」の注釈に出てくる大学同級の内海くんと一緒に楽しむことも多かった。ボストンには、その知り合いの一人でもあるNさんが住んでいたので、挨拶がてら行ってみようと思ったのだ。

こうして、ポールのニューヨーク公演が終わった2日後の12月17日、グレイハウンド発のバスでボストンへと向かった（運賃は30ドル）。正確に言うと、18日の明け方4時40分発のバスに乗り、約5時間後の9時半にボストンに着いた。

ニューヨークに比べると、道路には雪が高く積もり、木々が多く、郊外に来たという印象だ。ケンブリッジのYMCAに荷物を置きに行き、Nさんとタイ料理屋でカレーを食べる。もともと酒はまったく飲まなくても大丈夫な体質（?）だが、この時に久しぶりにビールを飲んだ。飲んだのはニューヨークに来て3度目ぐらいだったかもしれない。

翌19日はケンブリッジの街を探索し、レコード屋はすぐに見つけたが、ケンブリッジ大学のレディ・ミッチェル・ホール（ジョンとヨーコが69年3月に初ライヴをやった場所）は、歩いていた人に聞いたがわからずだった。夕方、ボストンとケンブリッジを結ぶ橋（チャールズ・リヴァー沿い）を歩いたりしながら、ケンブリッジのきれいな夜景を楽しんだ。川は完璧に凍っていた。

行ってみて、ボストンはアメリカの中では最もイギリスっぽい町なのではないかと思った。ニューヨークに比べて人の歩く速さは半分ぐらいだし、町はゆったり穏やかだし、自然も多い。海外に住むならイギリスがいいけれど、もしアメリカに住むならボストンがいい。

そうした思いもあって、年明けに急に思い立って、もう一度ボストンに行くことにした。またまた明け方——1月4日の今度は4時15分発9時50分着、である。今回は手袋なしでも支障のないほど暖かく、公園や道路にも雪はほとんど積もっていない。ＹＭＣＡが好きなわけではないが、今度はボストンのＹＭＣＡに泊まり、ハーバード大学やレコード屋などを回り、正月のボストンを堪能した。2度目のボストン行きは、ボストンに行きたいというよりも、ボストンのレコード屋に行きたい、という思いが強かったのかもしれない。食事はまたもやタイ料理屋である。メニューに載っている最も辛いやつ（骨なしスペアリブ）を頼んだが、それほど辛くはなかった。

その11　アトランティック・シティでのコンサート　ローリング・ストーンズ

初のボストン行きからYMCAに戻ったのは12月20日の夜中の1時前だったが、その数日前から「どうしようか？」と思案していることがあった。ニュージャージー州、アトランティック・シティでのストーンズ公演のことだ。「どうしようか？」というのは、言うまでもなく「行くか行くまいか」である。公演は12月17日、19日、20日の3日間。17日はボストンに行った日だが、ボストン行きが18日の明け方近くになったのは、夜中の3時からストーンズのライヴをラジオで放送するというので、それを聴いてから行こうと思っていたからだ（なぜか放送されずに終わったが）。また、エリック・クラプトンとガンズ・アンド・ローゼズがゲストで出るという情報も15日に目にしていた。

「行けばよかったと後で絶対に思うはずだから、やっぱり行こう！」

ボストンから帰ったばかりで体は疲れていたが、心は元気いっぱいだった。レコード整理などをして明け方に寝ようと思っていたが、思い直してそのままアトランティック・シティ行きを調べ、朝の6時過ぎに再びグレイハウンド・バス・ターミナルへと向かった。そうしたら、運良くアトランティック・シティまで「カジノ周り往復チケット・セール中」で、直行で23ドル。2時間20分で着くと言われる。7時半過ぎに乗り、3時間弱でアトランティック・シティの「Trop World」（カジノの会場）に着いた。ストーンズのコンサートを観に行く乗客は皆無で、全員、目的はやはりカジノだった（そのためのチケットでもあったわけだが）。

ひとりで街をぶらついたが、歩いている人は誰もいない。店も、開いているのか開いていないのかわからない。全体的に「おっちんだ」街で、居住者はとにかく少ない。ニューヨークのダウンタウンにカジノ＋豪華ホテル（ともに海岸沿い）を加えた感じ、といえばいいだろうか。

たまたま歩いている人がいたので、ストーンズがライヴをやるコンヴェンション・センターの場所を聞くと、これまた運良く、すぐ目の前のバス乗り場からまっすぐ10分ぐらい行った所だという。それを聞いて、おそらく町がかなり小さいのだろうと思った。バスで10分なら、当然歩く。15分ぐらいで着き、それらしき建物を3つほど見つけたが、どれなのかよくわからない。建物を横目に見ながら通り過ぎると、ストーンズのパンフを持っている人がいた。ホールの場所を聞くと、白い建物と灰色のボロい建物が並んでいる方を指さし、そこだと言う。"White one?""next one?"と聞くと、"ugly one"と言うので、2人で大笑いした。「ホントにここか?」と思ったが、建物の上部を見ると、バドワイザーのストーンズ・ライヴ広告の垂れ幕がたしかに下がっている。

その後1時間ほど歩き回ってみた。マックとロイ・ロジャース（マックほどはあちこちにないハンバーガー屋）が1軒ずつあり、ベトナム料理屋もある。即席中華屋・イタリア料理屋・ホットドッグ屋・ハンバーガー屋・ピザ屋はかなり多い。だが、肝心のレコード屋は見当たらない。大通りも少ない。数日後に会う約束をしていたSさん（117ページに書いたジョンとヨーコゆかりの知人）に電話をかけようと思ったが小銭がなく、ようやく見つけた銀行で両替をしてもらう（現金は150ドルしかなかった）。電話をかけようとしたら、「日記」を書いていたノートがなくなっていることに気づいた。最初に電話をかけようとして小銭がないことに気づいた場所に置きっぱなしにしてしまったようだ。慌てて戻ると、運良くそのまま置いてあり（ニューヨークなら、たぶんなくなっている）、Sさんに電話をした。そうしたら、「22日にコンサートがあるから一緒にどうかと思って」と言われる。誰かと思ったら、ビリー・ジョエルだった。なんと！ ローチェスター～ポール～ストーンズ～ビリー・ジョエル

ローリング・ストーンズ公演の会場となったコンヴェンション・センター

とくれば、思い残すことはない。

20日のストーンズ公演の開場は18時半。まだ4時間ほどあるが、ダフ屋がいたのでいくらか聞くと、150ドルだと言う。「きのう60ドルで買った」（「ウソも方便」その1）と言うと、60ドルでいいと言う。結局50ドルで手を打ったが、どうやらかなり後ろの席らしい（席は「H Section 8 row 11 seat」）。もっといい席が手に入ったはずだが、ちょっと早まったかも。金を渡した時にダフ屋は異常に喜んでいたし…。そうしたら、その後、定価（35・50ドル）でまだ売れ残りがあることを知った。しまった！ 果たしてどちらがいい席だったかはわからないが、ダフ屋との駆け引きはなかなか難しい。むしろ、ストーンズはポール（28・50ドル）より高いのかと思った。「主力メンバー」が多いからかな？

その後、ロイ・ロジャースで録音の準備をし、カメラを懐に忍ばせ、さらにカジノのトイレでウォークマンとカメラを正式に準備。しかし、入場口に目をやると、ポール公演とは違ってチェックがかなり厳しそうだ。ボディ・チェックもある。それを見てカメラはあきらめ、ウォークマンをパンツの中の、日本円を入れた袋の中に入れ、きつく縛って隠した。だが、少し歩きづらいので（ゴム紐が緩くて）もう一度きつく縛り直し、準備万端整えて、入場口へ。警官や係員が異常に多い。18時50分に中に入る際に、カメラを持っていることをこちらから告げて保管してもらったが、歩いているうちに今度はウォークマン入れの紐が少し緩んだので、手洗い所を聞き、中でウォークマンをポケットへ移動した。

ステージ内は、外見だけでなく中身も建物が古く、床もボロい。学校の体育館のような造りだ。ほとんど平面なので、立ちっぱなしだと見えない気がする。前方に通路が2つあり、全部でざっと3500人。後方は30列ぐらいで2100人。2階席は4200人。合計9800人といったところだろう。席は中央の通路から数えて8列目で、左端から数えて2ブロック目の左から4番目の席。後ろから数えると22列目で、アリーナ全体の4分の3ぐらい後方の場所だ。ステージまでの距離は約100メートルぐらい。ミックとキースは、たぶんポールと同じぐらいの大きさに違いない。とはいえ、2階席がほとんどないので、アリーナで観るのも悪くはない。中も警戒が厳重すぎて、これでは撮影はハナから無理だ。録音中にカセットをB面に取り換えるのもかなり難しそうだが、どうなるか？

20時40分過ぎにライヴは始まり、23時過ぎまで約2時間半のステージだった。ポールに続く初ストーンズ、である。ゲストはジョン・リー・フッカーとガンズ・アンド・ローゼ

ストーンズ公演の会場入口付近（1989年12月20日）

ズのアクセル・ローズ&イジー・ストラドリンで、エリック・クラプトンは出なかった（後で知ったが、19日の公演はテレビ中継があり、クラプトンは最初の2公演だけ出た）。終演後、すぐに書いた感想は以下のとおり——。

音響悪し。アメリカで観るコンサートは、見られて嬉しいという以上に、アメリカ人の自分勝手なふるまいの多さに集中力を大きく欠き、乗れたり楽しめたりということがどうしてもできない。ミックはとにかくよく走る。キースの格好もとても様になっている。チャーリーはじいさんだ。ビルは影が薄い。ロンはいいギター・ソロをとる。ボビー・

キーズもトシくった。ジョン・リー・フッカーがかわいそう。辺り構わずどんな時でも拍手をする――しかもそいつだけ――隣の奴には本当にマイッた。自分勝手の極致。アンコールも聴かずに帰るとは何事だ。ノリのいい曲だけわめき、手を叩き、うるさくてたまらない。アメリカで観るコンサートは席に大きく左右されることがストーンズでも（ポールの公演でも）よくわかった。

コンサートを観に来るのは野球を観るのと同じ感覚。ものを食い、飲み、タバコを吸い、抱き合い、喋り、歩き回りなど。何せ野球場でコンサートをやるぐらいだからそれは当たり前か。有名曲は、ファンの多いチームの好機。無名曲は、人気のないチームの攻撃時。みたいなもの。

……ポールのライヴ以上に辛口の感想だが、ミックとアクセル・ローズが2人で歌う「Salt Of The Earth（地の塩）」は感動的だったし、『STEEL WHEELS』からの新曲を初めてライヴで聴けたのももちろん嬉しかった。思えば、12月20日は、ストーンズの80年代の最終公演でもあった。

録音テープは日本に戻ってからはたぶん一度しか聴いていないと思うが、今聴いても、「となりの奴」の声がアンコール前まで大音量で入っているはずだ。

―その12― ニューヨークでのコンサート ❷ビリー・ジョエル

12月22日。Sさんからのありがたいお誘いで、ビリー・ジョエルのライヴも観られることになった。しかも場所はビリーの地元、ロング・アイランドのナッソー・コロシアムである。Sさんの車で会場に向かう途中に、「Don」という日本料理屋でカツ丼を食べた。ニューヨークに来て食べたこれが初の日本食だった。

ナッソー・コロシアムにはマンハッタンから車で2時間ほどで着き、20時15分に中に入る。席は1階の前から8列目で、会場の左手真ん中辺り（「114 Section H row 10 seat Gate 19」）。ステージを右斜め前方に観る感じで、かなり見やすい。「日記」にはこう書いてある。

ビリー・ジョエルのライヴ（1989年12月22日）

ビデオで観るよりも会場は小さく、ステージ自体も小さい。音響はマディソン・スクエア・ガーデン、アトランティック・シティよりもかなりいい。NEWバンドの演奏も以前とそれほど変わらず、ハーモニカ、サックス2人＋ビリー、アコーディオンが目新しいところ。ビリーの地元だけに観客のノリがよく、暖かみのあるコンサートだった。ローチェスと並ぶいいコンサート。思い出に残る。静かな曲の時に立つ人がいないし、一緒に歌う人も多いし、最後の「Piano Man」は特に印象的。

……と、ポールやストーンズ以上の感動が伝わってくる。しかもこの日のアンコールでは、当時人気のあったデビー・ギブソンが登場し、「Keeping The Faith」を2人でデュエットし、そのまま「Silent Night（きよしこの夜）」もアドリブで披露するというおまけまで付いた。

それから1週間後の29日、（27日に一度断念した）ビリー・ジョエルを観に行こうと決めた。昼過ぎにペン・ステーションからジャマイカ駅で乗り換えたら、小雪がちらほら降っている。マンハッタンを離れると、ニューヨーク郊外はどこも質素な街のようだ。ヘンプステッド駅から最後はバスで何とか15時にナッソー・コロシアムに着いた。

前回は車で会場まで連れて行ってもらったので気づかなかったが、会場周辺は閑散としていて、見渡しても、ガソリン・スタンド、飲み屋（のような店）、車の納品屋、小さいスーパーがある程度だ。車がないと不便な場所にあるということだ。バス乗り場周辺は黒人などがマンハッタンと同じくたむろしているが、一戸建ての家や団地が多く、ボストンと同じく過ごすには良さそうな所だ。高いビルなどはあちこちにあるものの、視界が開けているので、眺めは抜群である。ただ一軒あるピザ屋でコーヒーを飲み、時間をつぶした後、通りを少し下るとロイ・ロジャースがあったので、そこでまた一休み。

再びナッソー・コロシアムへ向かい、会場の周りをしばらくぶらついてみたが、ダフ屋はまったく見当たらない。代わりにチケット売り場の前に人が並んでいるのが見えた。どうやら当日券があるようだ。とりあえずその列の方に行き、並んでいる人に聞いたら、やはりそうらしい。これでストーンズの時の二の舞にならずに済むかもしれない。

風が強く肌寒い中、17時半に並んだが、すでに50人目ぐらいという長蛇の列だ。19時に購入用の窓口（ボックス・オフィス）が開くと聞いたが、列は20人ほど縮まったに過ぎない。後ろの人が係員に聞いたら、窓口が開くのは20時なのか20時半なのかはわからず、しかも余りのチケットはもうないと言う。おっと、これはキャンセル待ちの列だったのだ。この時にわかったが、チケットは22・50ドルで、すでに後ろに60人ぐらい並んでいた。

20時半の開演時間になってもチケットが入手できるかどうかわからないのでは、話にならない。列の順番はそのまま押さえておいてもらうように前後の人に頼み、しばし会場周辺をぶらつく。もちろんダフ屋探しだ。そうしたら、「チケットはあるか？」と一人寄ってきた。「ない、だから列に並んで待っている。そっちは持っているのか？」と逆に聞いたら、「ない」と言う。すでにそれまでに何人かいた「チケットを欲しい人」なのかと思ったら、そこで急に「いい席がある」と言い始めた。慎重なダフ屋もいるもんだ。

いくらか聞くと「１００ドル」と言うので、「おとといは60ドルで観た」（「ウソも方便」その2）と返したら、隅の方まで連れて行こうとする。その時に"Are you a cop?"（マッポか？）と聞かれたのには驚いた。マッポ（おまわり）に見えるか？「そんなわけはない」と返し、チケットとシートを見せてもらうと、22日に観た席のちょうど反対側で、たしかに悪くはない。同じく1階席だし。そうしたら、おそらく本物の「マッポ」が寄ってきた。"Sell the ticket?"と聞かれたダフ屋は、当然"No"と返す。どう見てもバレてると思ったが……。周辺には「マッポ」はかなり多く、ダフ屋のことをスカーフとか何とか言っているのが聞こえてきた（調べたら"Scalper"だった）。

交渉はまだ続く。「80ドルにならないか？」と聞くと、「オーケイ」と言いながらも、手数料込みで90ドルでどうかと。「できれば80ドルにしてくれ」と言ったら、あっさりそれで決まり。"Enjoy"の一言を残し、ダフ屋は去った。1分ほどのやりとりだった。１００ドルは覚悟していたから（列に並んでいる時に、きのうは１５０ドルだったという声が聞こえた）、80ドルなら良しだ。ダフ屋から値切ったお金の一部は「ジャマイカ詐欺基金」（計32ドル）になったと思えばいいか（一応書いておきますが、これまでにダフ屋からチケットを買ったのは、このアメリカ滞在時の計5回だけです）。

19時45分に無事にナッソー・コロシアムに入る（カメラほかチェックは一切なし）。全席埋まっている。1階の最前列で、ほとんどアリーナ席と変わらない。たしかにいい席だ。ただし、アリーナ席と1階席を仕切る鉄製のボードが前に立っているので、座ったままだと、少々見づらい。アリーナ席自体を正面から眺める感じになる。20時半前から23時前まで、2時間半弱のステージだった。22日の公演に続き、以下「日記」より――。

ビリーは少々疲れ気味で、全体的には22日のほうが会場の雰囲気も良かった気がするが、「An Innocent Man」の曲の出だしで「Under The Board Walk」や「Stand By Me」が飛び出したり、ピアノのアドリブが入ったりするところが、たとえばストーンズのような型にはまったコンサートとは違う。サックス、ヴァイオリン＋パーカッション＋ヴォーカル＋コーラス＋ギターを一人でこなす黒人女性が素晴らしい（ヴァイオリンは別の女性？）。ビリーのドラム（「A Matter Of Trust」）も聴けたり、前回とは同じショーを繰り返さないところがいい。声も、少し衰えたとはいえ、まだ十分出る。ただ、観客が立ったり椅子の上に上がったり通路に出たりするのを係員がいちいち注意するので、周辺が騒がしかった。

今振り返っても、ロング・アイランドで観たビリー・ジョエルは格別だった。しかも、80年代の最後に観たコンサートがニューヨークでのビリー・ジョエルだったというのが、何より嬉しい。ビリーの地元のファンが肩を組みながら大合唱する「Piano Man」。会場全体を包み込む"Sing us a song, you're the Piano Man, sing us a song tonight…"——心温まる場面が今でも目に浮かぶ。

ナッソー・コロシアムを後にし、マンハッタンには夜中の2時過ぎに着いた。街に出ると、雪らしい雪が初めて降っている。柔らかそうな雪が地面を覆っていて風情がある。歩いて帰ろうと思ったが、雪が顔にかかってくるので、初めて真夜中に地下鉄に乗ってみた。構内は、ほとんど危ない感じはない。紙コップに入っ

ビリー・ジョエルのライヴ（1989年12月29日）

た小銭をジャラジャラ鳴らしてクォーター（25セント）をせびるやつは変わらず数人いたが（ほとんど黒人だった）。電車がなかなか来なかったので、待っている間に「日記」にこんなことを書いた。

「NYでは、街を歩いていても、真夜中の構内にいても、音楽が強い味方になる。ウォークマンをはめて歩いていればシカトできるし、録音にも強い味方だ。（12/30 AM2:32記）」

「シカトできる」のは「紙コップジャラジャラ」へのもちろん対抗策として、という意味だ。翌日（大晦日）の「日記」には、こんな記述もある。

NYにふさわしい曲

・Billy Joel/That's Not Her Style
・The Rolling Stones/Hot Stuff
・The Rolling Stones/Street Fighting Man
・Madonna/Express Yourself

・Daryl Hall/You Burn Me Up I'm A Cigarette
・John Lennon/Whatever Gets You Thru The Night
・Steve Winwood/Higher Love
・Steve Winwood/Freedom Overspill
・Marvin Gaye/Sexual Healing
・Paul McCartney/Good Sign
・Billy Joel/House Of Blue Light

最後の「House Of Blue Light」はシングル「We Didn't Start The Fire」のカップリング曲だが、1月8日にニューヨークを離れる日には、その曲についてのこんな記載もあった――「NYのJFK最終行きのバスの中でのBGM。明けかかる空が赤く染まりきれいでぴったり」。ビリー・ジョエルは19年1月のMSG公演で、この曲をライヴで初披露した。

―その13― 真夜中のナイフ事件

シェア・スタジアムに行った元日のこと。この日も、日付が変わった夜中（1月2日）の1時半にYMCAを出て、まず、ライヴハウス（Lonestar Roadhouse）を探しに行ったら、52丁目（7番街と8番街の間）にすぐに見つかった。ニューヨークを離れる前に、ボトムラインとCBGB以外のロック／ポップ系のライヴハウスをいくつか見ておこうと思ったのだ。1月3日の「日記」によると、探そうと思っていた残りのライヴハウスは次の5店だった。

Bitter End（Breeker St）/Cafe Wha（Breeker Stと3stの間）/Kenny's Castaways（Breeker St）/Rock'n'Roll Cafe（Breeker St）

そのままブロードウェイを下り、39丁目を8番街に入り、行きつけのホットドッグ屋へと向かう。チョコミルク（ココア）を頼み、30分ほどくつろいで店を出た。2時半。MSGの前を通り、6番街まで行こうとしたところ、20歳ぐらいの黒人の男が寄ってきた。どうせ「紙コップジャラジャラ」だろうと、いつものようにシカトしてそのまま手を振って行こうと思ったが、こっちに向かって何かわめいている。ビリー・ジョエルを聴いていたウォークマンの右耳を外したところ、〝Fuckなんたら〟とか〝Moneyなんとか〟とか、やたらと騒がしい。よく見たら、右手に小刀を持っている。しかも、こっちの左ポケット（お金が入っていると思ったのだろう）を探ろうとしながらそれを振り回したのだ。

やばい！

そう思って、自分でもこれ以上走れないというぐらいの速さでＹＭＣＡ方面に逃げた。「真夜中を突っ走れ」だ（注：ジョン・レノンの曲）。でも、不思議と「頭の中」は冷静だった。走りながらこんなふうに思っていたのだ――「ナイフを及び腰で振り回していたけど、なんでいきなりかかってこなかったのかな？」と。それでもまだ少し追いかけてきたので、余計に危ないと思っていたところ、さらにたぶん仲間の４人がこっちにやって来たので、ずーーっと走り続けて事なきを得た（10ドル紙幣を使う絶好の機会は逃してしまったが）。

ナイフを目にした時に聴いていた曲は、エルヴィス・コステロの「Veronica」だと長年思い込んでいたが、ビリー・ジョエルの曲だったようだ。「Veronica」は、その前にホットドッグ屋で聴いていたのは間違いない。「日記」を見ると、ＹＭＣＡに戻る直前にエリック・クラプトンの「Run So Far」も聴いていたようだ。これ以上ふさわしい曲はないだろう。3時過ぎにYMCAに戻り、「日記」にはすぐにこう記した——。

「油断は禁物。ウォークマンは危険を感じるのに邪魔になることもある。もしかしたら、かなり前からこっちに向かってその少年は怒鳴っていたのかもしれない」

銃じゃなくて良かったと今でも思う。とはいえ、その翌日もまた夜中に街を歩いていたのだから、反省の色はまったくなし、だ。

—その14— 明け方のカバン事件

1月8日。ニューヨークを離れる日に、もうひとつ事件が起きた。

購入済みの大量のレコードをもう少し何とかしようと、朝早めに日通に電話をしたが、今日中の引き取りは無理で、早くても明日の朝10時だという。正月にボストンで日通に手配しようと思っていたが、ガイドブックを持っていき忘れたのがまずかったか。

その後、部屋を出て、ストーンズが89年7月に、ツアー開始の記者会見を行なったグランド・セントラル・ステーションの広場に足を運んだ後、お世話になったゴールデン・

ディスクス、イッツ・オンリー・R&R、リボルバー・レコーズへと向かう。イッツ・オンリー・R&Rでは髭の店員と、リボルバー・レコーズではカーズのリック・オケイセック似の店員とそれぞれ最後の挨拶を交わす（イッツ・オンリー・R&Rのフレディ・マーキュリー似の店員と、リボルバー・レコーズのジェリー・ガルシア似の店員はいなかった）。

持っていく荷物があまりにも多く、整理に時間がかかる。夜中（1月9日）の2時にとりあえず終わったが、あまりにもぎゅうぎゅうで持てない。2時間ぐらいかけて荷造りをし直し、徹夜のまま明け方の5時にYMCAを出た。

持ち物はトランクとカバン。コロンバス広場まで何とか歩いたものの、とてもじゃないけど重すぎて、途中で息切れしてしまう。手伝おうかと数人から声をかけられたが、ニューヨークだと「もしものこと」を考えてしまい、すべて断る。それじゃあとタクシーを拾い、シェラトン・ホテル前で降り、バスでJFK空港に向かった。JFK空港に着き、これで（コンチネンタル航空で）シアトルに行けると思っていた。だが、シアトル行き並びにコンチネンタル航空の便はないという。しばし途方に暮れる。荷物の重さに気力を搾り取られてしまっていたのだ。

仕方がないので、JFK空港から42丁目のグレイハウンド・バス・ターミナルまで戻り、ニューワークからシアトルに行く方法はないかと聞くが、ないと言う。その場でコンチネンタル航空に電話をしようと思い、トランクとバッグを横に置いた。置いてすぐさまもう一度バッグを見たら、なんと、置いた場所からバッグが、まるで手品でも見ているかのように、物の見事に（としか言いようがない）消えていたのだ。瞬時の出来事だった。「えっ!?」という思いと「やられた!」という思いが交錯した悪夢の瞬間――「日記」には、痛恨の思いがあちこちに記されている。

寝てないのが仇になった。荷物の重さ（おそらくトランク35〜38キロ、バッグ15〜20キロはあった）とJFKに行ってしまったこと。日通に電話できなかったことが悔やまれる。レコードや本は仕方ないとしても、手紙をそのバッグに入れていたのは一生後悔することだ。しかしなぜおきはなしにしたのだろう?＝気のゆるみ

自宅からの手紙、伯母からの手紙、一生の宝だった。それを失くしてしまった。

運命と思ってあきらめた。手紙だけがとにかく残念（特に母と伯母からのは、文面を思い出すと涙

が出てくる)。

魔がさしたという感じ。悪夢という感じ。なぜ置きっぱなしにしたのかわからない。

・ボストンにガイドブック持って行かず、日通に電話できなかったこと。

・間違ってJFKに行ったこと。

・42丁目まで戻ったこと。

・荷物が重かったこと。

・寝なかったこと。

・荷物を置いたままにしたこと。

・ポール、ストーンズ・パンフと、特にライヴカセットが無事でよかったが。

・時間は決して戻らないことを痛切に感じる。

なくしたもので特にマイッたもの

◎手紙

◎辞書(英和・和英・英会話)

雑誌　Musician（創刊）/New York（80.12）
レコード　ポール・ブートbox/Walking On Thin Ice（Long/Edit）/Children In Need/La Luna/Jet/Mamunia/Girl/You're Going To Lose That Girl/◎Flowers In The Dirt（Box）/Heartbeat/Requiem

バッグには、日本に一度送った後に買ったシングルやCDシングル、カセットなどの「小物」やボックス・セットなどは運良くすべて入れてあったが、日本に帰った後、なくしたレコード類は根性（執念？）で、「Walking On Thin Ice（Long/Edit）」以外はすべて買い直した。最後まで手に入らなかったのは、ポールやニッキー・ホプキンスらが参加したシングル「Children In Need」だった。

その後、グランド・セントラル・ステーションからニューワーク行きが出ていることがわかった（なんと……）。だが、ぎりぎりで乗れず。「17時55分ニューワーク発デンバー経由」で「23時19分シアトル着」の便に変更してもらったものの、「ニューワーク→デンバー行き」はキャンセル待ちで、乗れるかどうかはまだわからない。重いバッグがなくなり、荷物が軽くなって良かったと思おうと自分に言い聞かせていたが、ここまで負の連鎖が続くと、さすがにめげる。「日記」も、それを反映した内容になっている。

今日はついてないことが多く、どうも「命」を運ばれているような気がしているので――JFK→34丁目まで迷う→34丁目→42丁目へ→荷物盗られる→ニューワークで1510のにぎりぎり乗れず、など――ヒコーキが落ちないのを祈るのみ。誰に？

デンバー行きは無事に飛び立ったが、通路を挟んで座っていた女性が、飛び立つ時に胸の前で十字を切っていて、さらに肝を冷やす。ニューワークの街はネオンがキンキラキンで、空から見ていてとてもきれいだった。デンバーには20時過ぎ（ニューヨークだと22時過ぎ＝時差は2時間）に着き、そこで約1時間待つ。「デンバーといえば、ダン・フォーゲルバーグはコロラド出身だったなあ」などと思いながら……。空から見る街の明かりがここもとてもきれいだった。

その後、シアトルに23時過ぎ（ニューヨークだと2時過ぎ＝時差は3時間）に着き、2時間ほど空港内をぶらつき、街の作りやバスの路線などを調べる。人も少ないので、ロビーの椅子で寝ることにした。他にも10人ぐらいの観光客らしき人が寝ている。
ともあれ、ニューヨークの刺激的な日々は終わった。自戒も込めて、「日記」にはこう記した。

NYに今度来た時のために
・レコードや雑誌は、ある程度たまった時点で日本に郵送すべし（ダンボールは街角やホテルで適当なのを見つける）。
・帰りの荷物を極力少なくすること――重量オーバーも避けるため。
・場所の不明な地へ行く時は駅やバスターミナルなどのインフォメーションで細かく聞き、また自分でも調べること。
・ブロードウェイ78ST角の中国／キューバ料理店、2nd Ave 6stのシャゴリカに行くこと。ほかにベトナム／タイ／インド／韓国／日本／イタリア／フランス料理なども。
・「ヴィレッジ・ヴォイス」を最大限に活用すること（コンサート関係は特に）。
・安いホテルに泊まり、うまいメシを食うこと（朝―軽食／昼―ランチでうまいメシ／夜―1週間に一度はウマいメシを）。

―その15― シアトル旅行〜アメリカ最後の日々

イチローが在籍した大リーグのマリナーズやスターバックス、あるいはニルヴァーナほかグランジ・ロックのブームが起こった街――シアトルと言われて、そう思い浮かべる人も多いと思う。けれども、90年初頭は、まだそれ以前の、シーフードが美味しい場所として知られている程度の街だった。

空港で数時間寝た後、バスでダウンタウン方面へと向かったが、正月明けの早い時間だったからか、街は閑散としていた。寒さもほとんどない。バスでキングドーム（ウイングスの76年のライヴ会場）の右手を抜け、4番街で降り、歩いてスペース・ニードル・タワーへ。うず高い山々が素晴らしかったので、スペース・ニードル・タワーに乗ってみたが、あいにくの曇りで（富士山似の）マウント・ベイカーは残念ながら見えず。もうひとつのマウント・レーニアはよく見えた。

そのあとユニオン・ストリートを1番街の海岸方面へと下り、パイク・プレイス・マーケットへ。シーフードや果物は新鮮で、見るからにうまそうだ。骨董品屋などもずらっと並んでいる。軽食風の店に入り、シャケ（バターでグリル）を注文。塩味がなくて少々物足りないが、まろやかでうまい。女性の店員に、シャケが小さいからとサービスされ、食後に地図を見ていたら、「Bush Garden」が面白いと言われる（今回、調べてみたら「武士ガーデン」という和食屋だった）。他に面白い場所はあるかと聞くと、ブロードウェイにあるデカいボランティア公園内の美術館がいいとか、シアトル水族館から船に乗って窓の外に目をやると、海中から島が見えていい、と教えてくれた。

海岸沿いにさらに下り、「武士ガーデン」近くのブッシュ・ホテル（キングドームから3分ぐらいの場所）に泊まることにした。27ドル、21ドル、17ドルの部屋があり、21ドルの部屋は鍵代は5ドル（後で返金）、17ドルの部屋は鍵はナシとのことで、「17ドルのでいい」と言ったら、あいにくその部屋は塗り直しで使えないと言うので、21ドルの部屋にした。部屋はけっこう広く、ニューヨーク、ケンブリッジ、ボストンのYMCAよりもいい。水とお湯が出る洗面所もあるが、トイレは部屋にはない。テレビはカラーが1チャンネル、白黒は2チャンネル映るがほとんど観られない。部屋に電灯は4つもあり、全部点けるとかなり明るくなる。

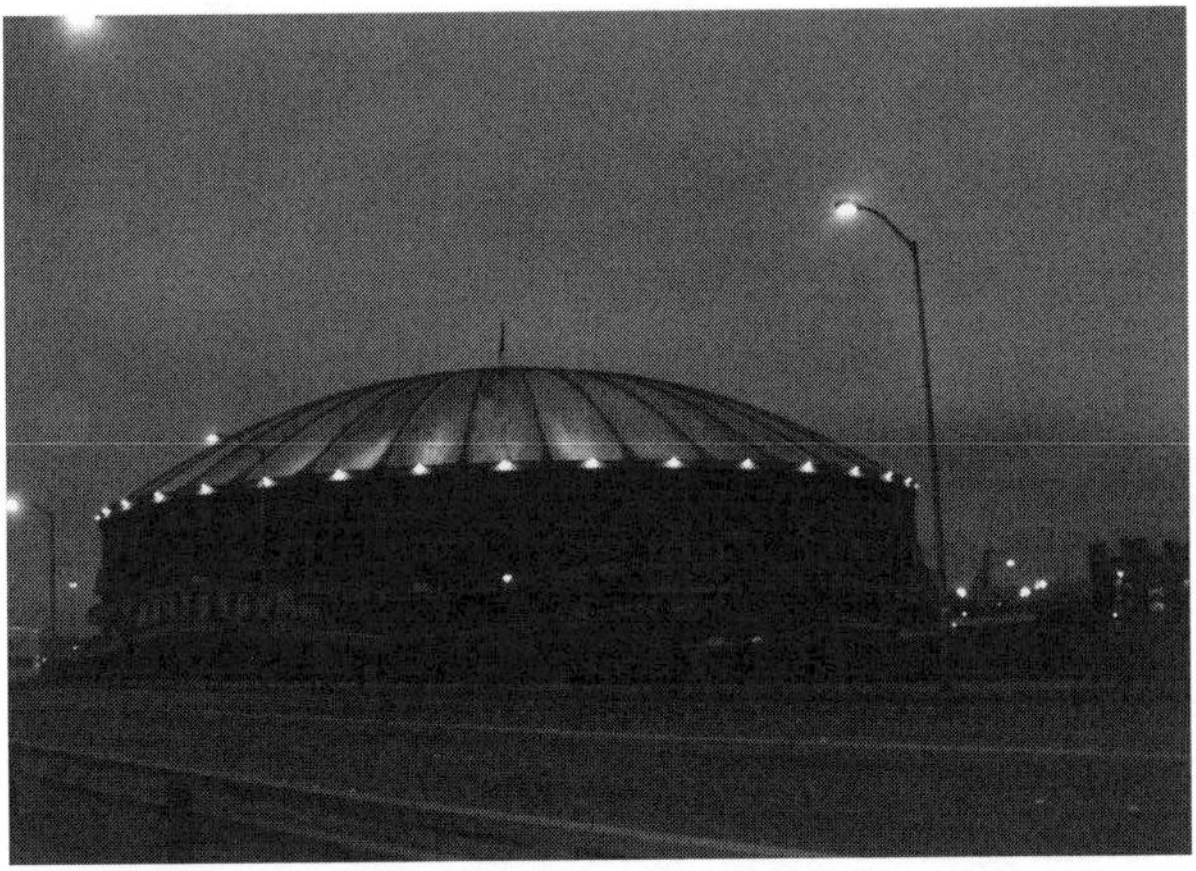

キングドーム

1時間ほど部屋で休み、17時前にスペース・ニードル・タワー方面に向かう。シアトルでもマックで軽く食事をし、海岸沿いをまた歩き、3時間半ほど辺りを散策した。さすがに体じゅう疲れている。特に肩が重く、足と腿も痛い。

それでもまたすぐにスペース・ニードル・タワー周辺まで繰り出したが、人はほとんど歩いていない。日本料理屋はニューヨークと同じくいくつか見かけたが、「帝（MIKADO）」だとか、ニューヨークだと「サムライ（SAMURAI）」だとか、どうしてそんな店名が多いのだろうか（新たに知った「武士」も含めて）。

また、シアトルでは歩行者がやけに信号を守っていると思っていたが、どうやら警官がうるさいらしい。州で何か取り決めがあるのかもしれない。信号無視をして一度注意されたが、ニューヨークでは目の前に警官が立っていても何も言われない。その差が面白い。坂も多く（特に海岸沿いとチャイナタウン）、歩いていると、上り坂がけっこうしんどい。ニューヨークであれだけ歩いても大丈夫だったのは、道が平坦だったからだとつくづく思った。

シアトルに限らず、どの街もバイクに乗っている人は少なかったが、自転車に乗っている人はよく見かけた。シアトルではバスが人々の足になっていて、少なくとも30ぐらいの路線があるようだ。ただし税金は8％とニューヨーク並みに高い（ニューヨークは8.25％だった）。

20時半過ぎに部屋に戻ったが、この2日間、ほとんど寝ていないため、早めに寝ることにした　ダブルベッドで一人「大の字」で寝られるのはいいもんだ。

そして1月11日——11月21日に始まった「アメリカの旅」もついに最終日となった。寝たのが早かったので、朝早めにホテルを出て、キングドームから2番街の市場へと向かう。開いている店はまだ少ないが、しばらくぶらついているうちに、きのう目を付けていたシャケの箱を並べている店を見つけ、再び味見したらやっぱりうまかったので土産に買った。この時点で残金は13ドルである。

そして、バスでシアトル空港へと向かう。実質1日程度のシアトルの旅も終わりが近づいてきた。コンチネンタル航空のカウンターで、空港の荷物置き場に預けてあったトランクを整理し直して重量を計ったら33キロあり、7ポンド（約3キロ）オーバーと言われる。日本に戻った時に120ドルから150ドル必要になると言われたので、青い手持ちのバッグに重そうなものを移し、これで3キロオーバーが解消された。

昼過ぎに機内に乗り込み、いざ日本へ。機内食は①玉子とかっぱ巻き、ガーデンサラダ（シーザードレッシング　ベーコントマトフレッシュドレッシングと袋に書いてある）②ビーフの煮込み、ライス、温野菜（一緒に炒め）③チキンの胡麻風味、フライドライス、温野菜（②と③はどちらかを選ぶ＝②にする）、ストロベリームース。

機内では、ポールの『FLOWERS IN THE DIRT』の特製カセットやビリー・ジョエルの『STORM FRONT』などを聴いたり、自宅から送ってもらった「週刊朝日」「サンデー毎日」「週刊ポスト」「週刊現代」を読んだりしながら過ごした。

こうして0時前（日本時間1月12日16時前）に成田空港に無事に到着した。自宅に戻り、荷物整理をした後、寝ればいいのに、夜中の2時に家を出て、武蔵小山のチケットぴあのプレイガイドへと向かった。ニューヨークで観たポールとストーンズの来日公演が12月25日に決まり、1月12日は、ストーンズの日本公演のチケット発売日だったのだ。25人ぐらいのファンが寝袋持参で座っていた。

「オレのニューヨーク日記」はこれで終わりのはずだったが、意識はまだ、ニューヨークでの刺激的な生活の流れを断ち切れないでいたのかもしれない。

Disc 5

ラスヴェガスで観た ビートルズ×シルク・ドゥ・ソレイユ『LOVE』

2006.9–10

ニューヨークに行った後は、海外に行く機会はほとんどなかった。

ファンクラブは1991年3月に離れたが、その数ヵ月前の90年10月頃に、地元・武蔵小山のレコード店ペット・サウンズの店長・森勉さんに声をかけていただき、『レコード・コレクターズ』90年12月号のジョン・レノン特集用に原稿を初めて書く機会を得た。その際、筆名を付けることにした。まず思い浮かんだのは、母の旧姓「速水」に「ジョージ」を合わせた「速水丈二」だったが、ちょっとわざとらしいと思い、矢吹丈（「あしたのジョー」）好きでもあったので、「速水丈」とした。『レコード・コレクターズ』やシンコー・ミュージックなどの原稿は、（『CDジャーナル』を離れる2011年までは）主にその名前で執筆していた。

ファンクラブを離れた直後、義理の兄との繋がりで、91年6月に（株）音楽出版社にまずはアルバイトとして入社し、オール・ジャンルの音楽情報誌『CDジャーナル』の編集業務に携わることになった。

声をかけてくださった編集主幹の田中明さんに、入る時にこう言われた――「ビートルズからは離れなさいよ」と。もちろん私がビートルズ好きなのを知っての発言である。

ビートルズ以外の幅広い音楽に馴染むことを求められたのだろう。こうして最初の3年ほどの間に、オーディオ、ジャズ、クラシック、ロック&ポップス……と、様々なジャンルの編集業務を経験させてもらった。「現場作業」に関しては、編集顧問の中山久民さんをはじめ、多くの方にお世話になった。その間、あるいはそれ以後も含めて、オール・ジャンルの筆者やデザイナー、レコード会社、印刷所ほか、どれほど多くの方と出会えただろうか。いまだにお世話になっている方も多い。

海外に行く機会がほとんどなくなったのは、雑誌編集の現場作業に没入していて、そういう時間がまったく取れなかったからだ。海外取材を積極的に行なう音楽専門誌は他にたくさんあったが、『CDジャーナル』にはその余裕もなかった。

入社4年後の95年に、ビートルズの歴史を未発表映像と未発表音源を交えて辿る『ANTHOLOGY』シリーズが登場した。ジョンの残された音源に他の3人が手を加えて完成させた〝新曲〟「Free As A Bird」も大きな話題となった。そうしたら、話題性が大きかったからだと思うが、『CDジャーナル』の95年12月号で、ビートルズの特集記事を初めて作れることになった。特集のタイトルは「ビートルズの100枚」。それ以前から

「100枚シリーズ」をやっていたので、そのビートルズ版を、というわけだ。「オタクの道」に引っ張り込んでもらった(?)恩人・香月利一さんに原稿を書いていただくなど、久しぶりに「ビートルズ三昧」の記事を担当できた。

その後、書籍(ムック)の部署を経験し、98年に編集長になってからは、ビートルズのなんらかの〝新作〟が発売されれば特集記事を組む、という流れになった。ビートルズの記事も徐々に増え、年に2、3回は何らかの特集記事を組んでいたと思う。

そして06年。またビートルズに新たな動きがあった。カナダのエンターテインメント集団「シルク・ドゥ・ソレイユ」と組み、ラスヴェガスで『LOVE』というショーを行なうという。同名のCDも発売されるというから、これでまた大きな記事が組める。そんなことを考えていたら、東芝EMIのビートルズ担当ディレクターFさんからメールが届いた。「ラスヴェガスまで『LOVE』を観に行ってもらえませんか」というような内容だった。だが、会社としては、編集部の海外取材の前例はなく、どうやら行くのは厳しそうだ。そこで「現地リポートなどを掲載して記事対応を考えたい」と伝えたところ、「詳しい人でないとわからない点が多いし、今後のためにもぜひ観てほしい」というありがたい要望が再度あった。最終的には、飛行機代・ホテル代・ショーのチケット代はレコード会社が持ち、代わりに宣伝用の資料やテレビや新聞・雑誌などの媒体での出演・取材・執筆などをこちらが請け負うということで話がついた（フジテレビ『とくダネ！』、朝日新聞、アエラ、HMVの販促誌などでお世話になった）。もちろん、『CDジャーナル』では当初から大々的な特集記事を組むことは決めていた。

こうして9月30日にラスヴェガスへと向かった。滞在は10月3日までである。海外行きは、90年1月以来、16年半ぶりのことだった。

今回、ロンドン旅行やニューヨーク旅行と同じく当時の資料や写真などをあれこれ探したが、『LOVE』を観たこと以外は、ラスヴェガスという街にそれほどの思い出があったわけではない。滞在日数は短かったし、目的もはっきりしていたからだ。そうしたら、またしても細かい文字で資料の裏に大量に書き込みをした「日記」が見つかった。ちゃんと「オレのベガス日記（ラフ版）」と書いてある。ということで、すっかり忘れていた出来事を、ここでは少し混ぜ込みながら、筆を進めていくことにする。

ラスヴェガスの街

初のロサンゼルス（以下ＬＡ）。ラスヴェガスと言えばカジノと派手なネオン。そのぐらいのイメージしかなかったが、着いてみたら、空港周辺は建設中の建物が多く、バスで中心地に向かう時も、工事現場を走っているかのような雰囲気だ。よくよく見ると、建設中の建物は、ほぼすべてがカジノ用のホテルだった。まさにギャンブルのための街である。そこで思い浮かべたのが、89年にローリング・ストーンズを観たアトランティック・シティだった。だが、ラスヴェガスのほうが〝本気度〟は上だった。

大らかさの中に狂気が潜んでいる――着いた瞬間は、暑さに加えて、そんな印象もあった。ニューヨークの混みごみした街並とは明らかに異なり、妙なゆるさがある。いわば、晴れ晴れしない解放感だ。

しばらく過ごしているうちに実感したが、キンキラキンの享楽の街が、これほど居心地の良くないものだとは思わなかった。この居心地の悪さは、思えばロンドンの「プラチク星人の街」以来である。人工的な街はどうも性に合わないようだ。ＬＡは禁煙なのに、こちらはカジノ＝ギャンブルの街なので、タバコをどこで吸っても構わない。また、ＬＡは飲酒運転すると罰金は1万ドルと聞いたが、ラスヴェガスはそこまでの規制はないという。

とはいえ、泊まったサーカス・サーカス・ホテルは、まず外観からして他のホテルよりもデザインが良く、とても気に入った。だが、中に入ってみたらホテル内は人が多く、チェック・イン待ちの大行列だ。禁煙の部屋（煙草は30歳でやめた）はいちばん端っこで、とてつもなく遠い。しかも、カジノを通らないとフロントに行けない造りになっている。これには恐れ入った。麻雀は好きだが、カジノにはまったく興味がなく、試しにやってみる、という気すら起こらなかった。

部屋に入ると、壁にかかった絵（風呂場にも一枚）もカーテンもベッドカバーも鏡も、すべてサーカスのイメージだったので、ますます気に入った。その時に頭の中で流れていたのは、もちろん「Being For The Benefit Of Mr. Kite!」である（注：ビートルズの曲）。

ともあれ、旅の目的は『LOVE』だ。ビートルズのプロデューサー、ジョージ・マーティンの息子ジャイルズが手掛けたサウンド・コラージュは、実際のショーではどのように活かされているのだろうか。

ラスヴェガスのメシ

食事に関しては、ホテル内にあったマックなどのファーストフード屋に行くことが多かったが、ニューヨークなどに比べていやでも気づかされたのは、極端に太った人が多いことだ。みんな、バカみたいに飲み食いする。マックでハンバーガーとポテトを大量に食い、ペプシコーラを大量に流し込み、タバコを吸い、カジノに熱中する——ラスヴェガスは、あまりに不健康な街だった。

帰る前日（10月2日）の朝食は、ホテルのバッフェ（食べ放題）方式のレストランでとった。入ってみたら、入り口付近にはドーナッツと甘いパンと果物しかない。「何だこりゃ？」と思ったら、奥の方にソーセージ入りタマゴ、ベーコン、ハムなどがあった。いきなりドーナッツを食べてしまったが、リンゴ・ジュースとカプチーノを飲もうとドリンク・バーに行き、口をつけたら、これがまた何たる甘さ。油っぽいハムを食べながら、ここでもまた「みんなよく食うなあ」と思った。クソ甘いカプチーノの毒（？）にもすっかりやられてしまった。

滞在中は、ちゃんとした店でも2度食べた。2度目は、『LOVE』を観る前に、私が辛いもの好きなのを知っているFさんの誘いでメキシコ料理をご一緒した。それまではジャンクフードばかりだったので、これは嬉しかった。

帰りの空港では、やっと見つけたバーガーキングに入ったが、ベーコンが油っこくてやはりまずかった。ただし「朝食メニュー」だったため、タマゴが入っていて、少しだけ「不健康」を逃れたかもしれない。「タマゴ」といえば、帰りに荷物検査を受けた際の黒人のおじさん（40代ぐらいだが）が日本語が堪能で、「なまむぎなまごめなまたまご」と言うので、思わず笑ってしまった。どこで覚えたのだろうか。

同じく帰りにLAの空港に着いたら、日本人がいきなり増え、日本食の軽食屋も目につくようになった。「SUSHI BOY」という店や「うどん」と書かれた店もある。誘惑にかられ、「中国料理」と書かれている店のメニューを覗くと、何とそこに「Curry Rice」の文字が！「Japanese Style」とも書いてある。即注文で、即食い、である。食べている途中から元気になってくるのがわかる。神保町のカレー屋よりうまいかも？いやそれはないか。滞在中は寝不足もあってやや体調不良だったが、カレーを食べて、むしろラスヴェガスの食べ物（と飲み物）のまずさが体調に大きく左右していたことを思い知ったのだった。

ミラージュ・ホテルでの『LOVE』

ビートルズの『LOVE』

ついにビートルズの『LOVE』を観られる時がきた。『LOVE』は、ミラージュ・ホテルで1日2回やっていて、観たのは9月30日の19時半からと10月1日の22時からの2公演だった。

LAに住む2人の日本人――「アエラ」でレポートを書くというフリー・ジャーナリストと、CX（フジテレビ）勤務の男性――と一緒に観た。

待ち合わせ場所に向かった時に、こんなことがあった。Fさん以外は初対面なので、ロビーをウロウロしていたところ、アジア系の見知らぬ女性がいきなりこっちに近づいて来た。さも懐かしそうに、"Oh, baby"と言いながら両手をまっすぐ伸ばして腕をつかもうとする。コワ。"No, no, no"と言ったら人違いに気づいたのか、"Sorry"と言って去っていったが、あれはホントに人違いだったのか?

しばらくして「4人」が揃い、まもなく開演となった。この日の席は後ろから2列目だったが、ショーの全体の流れや動きを知るのに最適だった。「日記」にはこう書いてある——。

オープニングでいきなりレコーディング時の会話が出てきたので、ますます期待は大きくなる。「The End」から「Get Back」への曲の繋ぎや、「Blackbird」から「Yesterday」への曲の繋ぎ、「Drive My Car」と「What You're Doing」の融合(「The Word」もくっついてきたのでさらにカンドー)、「While My Guitar Gently Weeps」のストリングス入り版など、聴きどころ満載——頂点は「Within You Without You」と「Tomorrow Never Knows」の融合——クーラ・シェイカーみたいだと思う。「Something」も感動的だった。シルク・ドゥ・ソレイユの創始者とジョージが仲がいいのを裏付けるかのように、ジョージの曲が多く、重要な場面でもたくさん使われていた。

シルク・ドゥ・ソレイユの演技は、肉体的に鍛え抜かれているストイックさが表われていた。イギリスではなく、金と人が集まるラスヴェガスでやることにしたアップルの試みは正しいことを実感させられた。約90分、息をつくヒマもない——というのはずっと目が離せないというわけではなく、使われている曲が何かをメモっていたからだ。

ビートルズの「新しい作品」に初めて出会った時のワクワク感は何事にも代え難い。『ANTHOLOGY』を初めて見聴きした時もそうだったが、生きてて良かったと思ってしまうほどだ。

2日目は開演が遅かったので、その前にFさんから依頼のあった資料用の原稿をケンタッキーで携帯電話（いわゆるガラケー）に直接書いた。日本時間で月曜（10月2日）に「情報解禁」になるので、それに間に合わせるために夕方4時までにほしい、とのことだった。箇条書きにしたものと、全体の印象をまとめたものを、3回に分けて送った。3回に分けたのは、1回250字以下だとパケット代がかからなかったからだ。

そして22時半開演の2度目の『LOVE』。今回はCXの人はおらず、メキシコ料理を食べた後、3人で観た。この日は前から5列目のいい席だった（初日は125ドルで、2日目は150ドル）。

2日とも、場内に入ったのは開演直前になったが、始まる前のBGMに耳を傾けたら、聞こえてくるのは、ビートルズのスタジオでの未発表テイクを使った音源だった。ショーの模様は、『CDジャーナル』06年12月号の特集「21世紀のビートルズ～〝新作〟『LOVE』徹底ガイド」に書いた。以下、転載する——。

シルク・ドゥ・ソレイユの『LOVE』を観た
THE BEATLES IN VEGAS

一言でいうと、映画『YELLOW SUBMARINE』の実写版のようなもの——。シルク・ドゥ・ソレイユの『LOVE』について聞かれたら、とりあえずこう答えるようにしている。実際、どちらもビートルズの中・後期の曲がふんだんに使われているし、「All You Need Is Love（愛こそはすべて）」で幕となるし、「Lucy In The Sky With Diamonds」では宙を舞うルーシーが登場するし、イメージとしても重なる部分は多い。しかし大きな違いは、『YELLOW SUBMARINE』にはストーリーがあるが、『LOVE』はイメージを断片的に寄せ集めたものである、という点だ。ちなみにフランス語で〝太陽のサーカス〟を意味するシルク・ドゥ・ソレイユは、火喰い芸の大道芸人だったギー・ラリベルテが84年にカナダのケベックで設立した、サーカスを中心としたエンターテインメント集団。『SALTIMBANCO（サルティンバンコ）』（92年）がもっとも有名で、日本初公演は同年の『FASCINATION（ファシナシオン）』だった。

ショーはラスヴェガスにあるミラージュ・ホテルで6月30日から上演されていて、オープニング・セレモニーには、ポール、リンゴ、ヨーコ、オリヴィアが出席し話題になった。とはいえ、そこでしか観られないため、詳細についてはあまり紹介されていないが、9月30日の1回目（19時半開演）と10月1日の2回目（22時半開演）の2公演を幸運にも観ることができた。ホテル内には『LOVE』のために作られた円形の特設シアターがあり、客席にもスピーカーが埋め込まれていて、臨場感あふれる5・1chサラウンドによるビートルズ・サウンドが堪能できる仕組みである。シルク・ドゥ・ソレイユは初体験だったが、聞くところによると、『LOVE』は他のショーよりもアクロバット的要素が少なく、どちらかというとミュージカル風の仕上がりになっているらしいが、いやそれでも十分にアクロバティックなショーだった。

ショーは、アビイ・ロード・スタジオでのジョンの〝OK, let's go〟という声で始まる。ジョージとのやりとりに続いてジョンの〝ワン、トゥー、スリー、フォー〟のカウントに導かれて流れてきたのは「Because」の三声のハーモニーだ。天井から吊るされているロープを何人かがゆっくりとよじ登っていくなか、気づくと下にはペパー軍曹がいる。

徐々にせりあがっていくのに合わせて「A Day In The Life」のエンディングの轟音が鳴り響き、「A Hard Day's Night」のイントロから「The End」のドラム、そして「Get Back」のヴォーカルが入り、ショーの幕が開く。以後、臨場感たっぷりのステージが繰り広げられていく。

「Eleanor Rigby」ではマッケンジー神父が登場し、「I Want To Hold Your Hand（抱きしめたい）」では横長のスクリーンにビートルズ関連のチラシや楽譜などが映し出される。続く「Drive My Car」では、白いワーゲン（ビートル）に乗って大勢のキャストが登場してくる。ショーのハイライトは、「Within You Without You/Tomorrow Never Knows」の場面。白い大きな幕がステージから客席へと伸び、曲が終わるころには会場全体、客席までもがすっぽりと包みこまれてしまうのだ。

空中ブランコとともにルーシーが踊る「Lucy In The Sky〜」も印象深いシーンだったし、ステージにクラゲが現れ、スクリーンには海の映像が流された「Octopus's Garden」も色彩豊かなステージだった。

また「A Day In The Life」では、白いワーゲンに女性がぶつかった途端にワーゲンが解体し女性が宙を舞うシーンがあったり、ビートルズの4人のシルエットを、まるで本物の人間のような動きでみせたシーンや「Blackbird」のコミカルなやりとり、「Being For The Benefit Of Mr. Kite!」のアクロバティックなシーンなど、ビートルズの曲を元にイメージを膨らませてみせたシルク・ドゥ・ソレイユの鍛え抜かれたキャストの力量が随所に感じられた。

「Something」と「While My Guitar Gently Weeps」での、女性をフィーチャーした叙情的なシーンを見ると、創始者と親交が深かったジョージの曲にもっとも力が入っているようにも思った。これは『LOVE』収録曲にも感じたことでもあるが。最後はアンコール風に使われた「All You Need Is Love」を全キャストが歌い閉幕となる。

特設シアターの向かいにはビートルズ・ショップがあり、4人のサインの入ったヘフナーのベースが、大事そうにショーウィンドウに展示されていた。

こうして初の海外取材旅行は終わった。『LOVE』は、その後も（いまだに）日本で上演されていない。音響設備ほか、複雑な会場造りを他の場所で再現するのは、場所的にも金銭的にも難しいようだ（2020年6月、シルク・ドゥ・ソレイユは、新型コロナウイルスの影響を受けて興行の大半が停止となり、経営破綻に追い込まれた）。

ヘフナーのベース

「日記」の最後は、こう締めくくられていた——16年半ぶりのアメリカだったが、海外は、飛行機さえ気にしなければ続けて行きたくなる。今回もそう思った。

Disc 6

リヴァプールで観た ポール・マッカートニー

2008.5-6

ラスヴェガスに『LOVE』を観に行った時には、まさかその1年半後にまた海外に行くことになるとは思いもよらなかった。

長年、「その日を楽しく」という思いで過ごすようにしていたら、「焦らず、弛まず」、やることを淡々と進めるのが性に合っていると思うようになった。どうやら、〝レット・イット・ビー〟の精神で、やることを淡々と進めるという〝気の持ちよう〟が、自分にはしっくりくるようだ。だから、「思いもよらなかった」とまず書いてはみたものの、これは、改めて今そう思ったということにすぎない。2008年の海外行きも、『LOVE』を観に行った時と同じように、急にこんなふうに声をかけられたのがきっかけだった。

「ポールがリヴァプールでライヴをやるので、一緒に行きませんか？」

声をかけてくれたのは、その後『ビートルズ・ストーリー』シリーズを一緒に作ることになる旧知の竹部吉晃さんである。話をよくよく聞くと、竹部さんの知り合いの鹿志村克さんから連絡があり、リヴァプールに行けなくなったのでチケットが2枚余ったとのことだった。

ポールがリヴァプールでライヴをやるのは5年ぶりだったが、なぜポールがまたやることにしたかというと、08年にリヴァプールが欧州文化首都に選ばれたからだ。1月にはリンゴが新作『LIVERPOOL 8』を発表し、ライム・ストリート駅前のセント・ジョージホールの屋上でライヴを行なったばかりだった。

この時は『CDジャーナル』の現場作業は離れ、ムック+雑誌のまとめ役のような立場だったので、以前よりは海外取材への支障はなかった。チケットは2枚。誰を誘おうか？すぐに思い浮かんだのが、牧野良幸さんだった。

牧野さんとの出会いは、イラスト付きの連載の打診がまず会社にFAXで届いた時から始まった。00年のことだ。届いたイラストには見覚えがあったし、内容も面白いので、一度お会いした後に連載をお願いした。「僕の音盤青春記」というタイトルでその年の7月号から始まった連載は、現在も続いている。その間に『僕の音盤青春記』のムックもシリーズで5冊を数える人気書籍となった。

ウマの合う人——会話をしなくても距離感のいい人や、「ツーカー」で話ができる人——は何人かいるが、牧野さんもその一人だった。早速メールをしたら、「いいんですか？　僕で」というような、いかにも牧野さんの人柄そのものの返信が届いた。牧野さんはビートルズだけでなくジャズやクラシックも含めて幅広い音楽マニアでもあったから、ご一緒できるのが何より嬉しかった。とはいえ、ただ楽しんでくるわけにはいかない。そこで『CDジャーナル』で牧野さんにイラストと記事を全面的にお任せした旅行記の特集記事を組むことにした。ちなみに今回の旅費はすべて「自腹」である。

こうして08年5月30日から6月6日まで、2度目のイギリス旅行が実現した。リヴァプールでのポールのライヴが主目的ではあるけれど、もちろんロンドンにも行くことにした。牧野さんは海外旅行はハワイだけで、イギリスは初めてだという。20年ぶりのロンドンとリヴァプールは、果たしてどのくらい変わっているのだろうか?

リヴァプールでの日々

20年ぶりのロンドン

ロンドンのヒースロー空港からユーストン駅まで、まずはタクシーで向かう。前回にはまだなかったヴァージン・トレインに初めて乗って、2時間ちょっとでリヴァプールのライム・ストリート駅に着いた。乗車時間は以前よりも30分以上短い。駅周辺に目をやると、ポールのコンサートを伝える旗が通りのあちこちに連なっている。気分は「ハイ・ハイ・ハイ」である。

牧野さんと早速マシュー・ストリートへと繰り出す。すでに20時を過ぎているが、初夏のロンドンは日が長く、21時半ぐらいまでは明るい。だが、そのあとは一気に暗くなる。気温はそれほどでもないのに、かなり蒸し暑い。通りは人が多く、20年前に比べると「ビートルズ観光地」として確立された雰囲気が漂っている。町のどんよりした暗さもない。欧州首都に選ばれたからなのか、明らかに活気がある。

ポールのリヴァプール凱旋公演を伝える旗

ライム・ストリートの入口付近に設置されていた「エリナー・リグビー像」の前で写真を撮ったりしたが、トランクを持ったままだったので、牧野さんが不安そうにこう言う――「レストランの窓からなんだかこっちを見ている人がたくさんいますね。大丈夫ですかね」と。「ニューヨークなどに比べれば安全ですよ」と返す。初日は旅の疲れもあるので、明日以降の肩慣らし程度に1時間ほど町を楽しみ、ホテルへと向かった。

何せ急に決まった話だったので、マシュー・ストリートに近いホテルはまったく予約が取れず、全滅だった。それでも、ライム・ストリート駅からタクシーで15分ぐらいの距離（約5キロ）のホテル（The Devonshire House Hotel）を、行く前に何とか押さえることができた。部屋は牧野さんと一緒だが、ニューヨークのＹＭＣＡのような緊張感はまったくない。

ただし、雑誌の入稿作業の時期（毎月20日発売で、月末月初は忙しい時期）だったので、パソコンも持参した。そうしたら、早速ホテルで「舌打ち事件」（?）があった。ネットの環境が悪く、あれこれいじっても繋がらない。そこで受付に行くと、若い女性がいたが、話をしてもラチがあかない。20年前のロンドンの「風呂事件」を思い起こさせるようなやりとりが続く。しつこく尋ねたら「チッ！」という舌打ちまで聞こえてきた。繋がったから、まあいいか。

この辺りのやりとりを含め、牧野さんの『僕のビートルズ音盤青春記 Part2 1976-2015』には、イギリス旅行の珍道中が面白おかしく（しかも詳しく）描かれているので、そちらもぜひお読みいただきたい（私は「F親方」として登場）。

アンフィールド・スタジアムへ

翌5月31日。リヴァプール巡りはこの日から本格的に開始、である。朝食時に周りの宿泊客を見てみたが、どうやら日本人は他にはいないようだ。親切な女性スタッフがいて、「健康にいいから豆を食べなきゃ」とか「コーヒーのおかわりはどう？」とか、いろいろと声をかけてくれる。得体の知れない黒いカタマリが皿に乗っているので、手をつけなかったら、「美味しいわよ。食べなきゃ」と言う。もともと珍味は苦手で、白子などは見ただけで食欲が思いっきり減退するほどだが、目の前にあるのは、いわば白子を黒くしてでっかくした、ツヤのある異物だった。その「黒子」の正体は、イギリスの伝統的な食べ物として知られるブラック・プディングだった（一口食べただけで残した）。

部屋に戻り、アルバート・ドックへ向かおうと、ホテルのフロントでタクシーを頼んだ。だが、待っていても一向に到着した気配がない。そのわりには、あとから来た宿泊客は次々とタクシーに乗って町へと繰り出していく。

「またですよ、牧野さん」

昨日に続き、フロントの舌打ちオネエチャンの対応が悪いのだ。なぜ来ないのか聞いても「わかんない」という返事だ。1時間ほど経っても状況は変わらない。温厚な牧野さんまでオネエチャンとやり合っても効果なし、である。仕方なく通りに出てみたが、タクシーは1台も捕まらない。そうしたら、その間に、朝の仕事が終わって庭に出てきた先ほどの親切な女性スタッフが牧野さんとやりとりをし、ホテルの女将がタクシーを呼んでくれたことがわかった。ありがたや。

出足は鈍ったものの、アルバート・ドックに着き、周辺をじっくり回る。今日も真夏のような暑さだ。ビートルズ関連商品が置いてある店も多く、20年前に来た時とは大違いだ。ビートルズ関連の店だけではない。テート・リヴァプール（テート・キャラリーの分館）では、クリムトの「ベートーヴェン・フリーズ」の展覧会や、ピカソの「泣く女」やアンディ・

ウォーホルの諸作品の常設展なども観られた。

その後、ポールのコンサート・チケットを前もって受け取るために、ライヴ会場までタクシーで向かった。場所は、アンフィールド・スタジアムというサッカー場である。地元リヴァプールＦＣの本拠地であり、サッカー・ファンには名高い場所だが、サッカーにそれほど興味はないので、どのくらいすごいのか見当がつかない。けれども、アメリカのシェア・スタジアムでやるのと同じような意味合いがあるんだろうとは思った。

着いたら、すでにチケット交換に来たファンの長い行列ができている。待っている間に牧野さんがスケッチを始めたら、前に並んでいた60代と思しき夫婦が声をかけてきた。ノルウェーから来たそうで、旦那のデヴィッドは、89年にポールがツアーを復活した最初のオスロ公演も観たという。会話を楽しんでいるうちに列も前へと進み、チケットもようやく手にできた。オレンジ色のチケットに"PAUL McCARTNEY PLUS SPECIAL GUESTS"と書かれている。チケット代は75ポンド（約１８０００円）。ニューヨークでダフ屋から買った値段の倍（以上）だが、抽選で当たらないと手に入らないのだから、やはり運が良いと言うしかない。

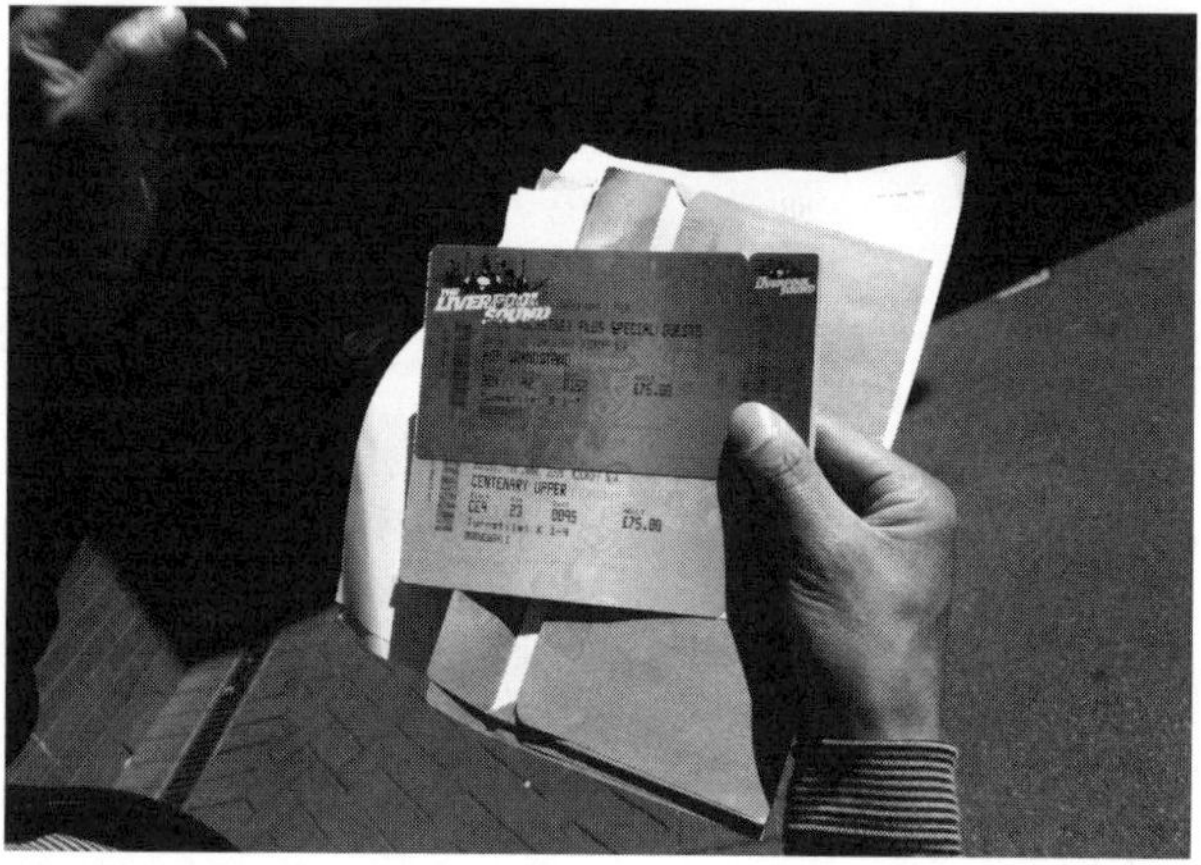

待望のチケットを手に

マシュー・ストリート

チケットは絶対になくさないように気をつけながら、初めてバスに乗り、マシュー・ストリートへと向かった。まず入ったのはビートルズ・ショップである。60年代にファンクラブ向けに発行されていた『ビートルズ・ブック（ビートルズ・マンスリー）』は、デビュー20周年を記念して82年に復刊され（82年4月号から）、西新宿のブート屋を回るたびに購入し続けていたが、いくつか「歯抜け」があった。今回、持っていない号をあらかじめチェックしたメモを持ってきたが、それらの多くがショーウィンドウの中に置いてあったのだ。01年以降の15冊を手にし、値段交渉をしたら、10ポンドほど負けてくれた。

ポールのファンクラブの会報誌『クラブ・サンドイッチ』も創刊号から11号まで買った（牧野さんは映画『YELLOW SUBMARINE』に出てくるジョンをあしらったプラモデルを買った）。

きれいに舗装されたマシュー・ストリートは、すごい人だかりだ。まずグレイプスの前で足を止める。デビュー前にビートルズの4人（ジョン、ポール、ジョージ、ピート・ベスト）が座った席はそのまま残されているのは知っていたが、前回は外から眺めただけだった。席には若い男性が2人座っていたが、席を譲ってくれた——というよりも、ビートルズ好きの日本（アジア）人が来たからどいてくれたという感じだった。特に何も頼まず、1分足らずで外に出て、キャヴァーン・クラブへと向かう。中に入ったのはこれが初めてだった。すでに観光地化しているだけあって、中はぎゅうぎゅうである。斜向かいのキャヴァーン・パブの前にはジョン・レノンの像が新たに造られているし、通りの突き当たりの左角には、ハード・デイズ・ナイト・ホテルもできた（ホテルの角にはビートルズ・ショップはまだ併設されていなくて、ビートルズの写真を展示したギャラリーになっていた）。アルマーニやラコステなどの、いわゆるファッション・ブランド店ができていたのにも驚いた。というよりも啞然とした。ウィンピー（うまくないハンバーガー屋）がまだ1店だけあったのは嬉しかったが。

リンゴの生家

まもなく18時になろうというのに、昼間のような明るさだ。リヴァプール巡りはまだまだ続く。ハード・デイズ・ナイト・ホテルの前でタクシーを拾い、リンゴの生家へと向かった。2度目のイギリス旅行の目玉はもちろんポールのライヴだが、その次に行きたかったのが、リンゴの生家――より正確に言うと、リンゴの生家近くにあるエンプレス・パブだった。リンゴの最初のソロ・アルバム『SENTIMENTAL JOURNEY』のジャケットに使われた場所として、ビートルズ・ファンには馴染み深い建物である。

「リンゴが育ったディングル地区は貧しい町で、着いてもバスや車から降りたり、歩いたりしてはいけない」などと70年代のビートルズ関連書籍には書かれていた。ニューヨークのハーレムのビートルズ版か？　と思えるような記述だが、着いてみたら、たしかに歩いている人はほとんどいない。観光客も皆無だ。だが、これもハーレムに行った時と同じように、危ないというふうには感じられない。何より、そこにエンプレス・パブの実物が聳え立っているのだ。その凛とした佇まいは最高だった。建物としては、ロンドンのアップル・ビル以上の存在感だと思う。

しかも営業中で、店の外でも数人が飲んでいる。そうしたら、パブの経営者と思われる高齢の女性が中にどうぞと手招きしてくれた。来たからにはもちろん中で一杯、と思っていた。店内はどんなふうになっているのだろうか？　入ると、目の前にカウンターがあり、初老の男性が話しかけてくる。挨拶をしたが、切れ目なく話は続く。長いなあと思っていたら、横にいたマイクと名乗る男性が何やら目配せをする。どうやら初老の男性はアル中で、誰かれなくずーっと話すタイプだということがわかった。

他にも「ガハハハハハ」と、聞いたこともないような声で笑うヴェラという60代ぐらい

エンプレス・パブ

の女性をはじめ、店内には60、70代の年配の客が10人ほどいた。近所に住んでいる常連客で成り立っている店なのだろう。牧野さんがスケッチブックを取り出して絵を描き始めると、店内はさらに笑い声に包まれ、陽気な時間が過ぎていく。

壁には『SENTIMENTAL JOURNEY』のＬＰジャケットと、なぜか『LET IT BE』の時の4人の写真が掛けられている。ジュークボックスからは、ビートルズだけでなく、なぜかジョンの「Imagine」も流れてくる。もっぱら瓶ビールを頼んだが、出てきたのはデンマークのカールスバーグ（コースター付き）だった。

カールスバーグのコースター

1時間ほど経っただろうか。常連客の一人が、壁に掛かった『SENTIMENTAL JOURNEY』のジャケット写真をバックに、酔っぱらっておぼつかない手で写真を撮ってくれた。こうして和気藹々とした楽しい時間は終わった。2度目のイギリス旅行で最も思い出深かったのは、このエンプレス・パブでの出来事だった。もしかしたらポールのライヴ以上だったかもしれない。

不思議な体験とジャカランダ

店を出たが、タクシーが来そうな気配はない。というより、車が通る可能性すらほとんどない。エンプレス・パブ周辺はそのような場所だ。2人で「さて、どうしたものか?」と考えあぐねていたら、男の子がやって来て、大通りへと繋がる道を教えてくれた。ふと見ると、パブのほぼ向かいの家に男の子が数人いて、その横に大柄な男性が立っていた。その家の住人らしい。御礼がてらポールのライ

エンプレス・パブ内で牧野良幸さんと

エンプレス・パブの向かいの家のおじさんと（2008年5月31日／撮影：牧野良幸氏）

ヴを見に来たと伝えたら、こう言われた——「今日の14時頃に、ポールがここに来ていたよ」と。なんと！　ちょうどチケットを受け取った頃だ。惜しい！

そうしたら続けて「ポールの弟のマイク・マッカートニーと一緒に新聞に載ったこともあるよ」と言う。新聞を見せてもらったら、たしかに2人で写っている。いったい何者なのだろうか？　ちょうど娘さんが帰ってきたので、男の子たちは隣の家に住んでいたことがそこでわかった。さらに「よかったら家の中も見ていかないか？」と誘ってくれる。まさかこんな体験ができるとは思わなかった。居間には、壁掛けの大型の液晶テレビがある。

カメラが趣味で、壁には大きな写真が掛かっていた。エンプレス・パブでの出来事が思い出深いのは、この、ちょっと不思議な体験ができたこともあったからだと思う。

30分ほどお邪魔し、教えてもらった方向にしばらく歩いたら、大通りへと出た。ここまでくれば一安心、である。タクシーでさらにジャカランダ・クラブを目指した。ジャカランダ・クラブは、ビートルズのデビュー前のマネージャー、アラン・ウィリアムズが経営していたパブで、お目当ては、ジョンとスチュアート・サトクリフ（デビュー前のメンバー）が描いた、地下にある壁画である。ここも前回は足を運べなかった場所だ。

ジャカランダでは、1階のカウンターでビールを頼み、当然のように地下へと向かった。壁画のある前の席に牧野さんと座ったが、店内は薄暗く、壁画に興味のある客はほとんどいない。むしろ、歴史的壁画がそこに「あるがままに」ある、ということに驚いた。1階はビートルズの写真に囲まれた賑やかな雰囲気で、普通に飲むなら間違いなく1階を選ぶ。牧野さんと2人、地下にしばらくいたが、壁画をじっくり見た後は、暗く寂しい雰囲気よりも、パブの喧噪を実感できる1階に行ってみようという話になった。

リヴァプールでは、昼間っからパブで酒を飲んでいる地元民が多い。そして、パブに入ると決まってこう聞かれる――「お前はリヴァプールが好きか?」と。「もちろん」と答えると、ビールを一杯おごってくれたりする。気軽に気楽に陽気に話しかけてくる人がリヴァプールには多い。1階で飲んでいる時も、夫婦や4人組の若者と話は弾んだ。

ジャカランダ・クラブを後にし、続いてジョンが通っていたリヴァプール・カレッジ・オブ・アートと、その隣にある、ポールとジョージが通っていたリヴァプール・インスティテュートへと向かう。22時近くになり、ようやく外が薄暗くなってきた。もう少し足を延ばし、ジョンの行きつけだったイー・クラックというパブに着いた。入ろうか入るまいか迷ったが、さすがに疲れが出たので、写真だけ撮ってホテルに戻ることにした。「あぁ、やっぱり入れば良かった」と、日本に戻った後に後悔した。イー・クラックに初めて入ったのは2017年のことだった。

リヴァプールで観たポールのスペシャル・ライヴ

6月1日。いよいよポールのライヴ当日である。とはいえ、開演は夜なので、それまではゆかりの地をあれこれ回ることにした。午前中はゆったりしたりし、この日はすぐに来たタクシーに乗り、13時過ぎにまずはストロベリー・フィールドへと向かう。ひっそりとした場所にあるのは変わらないが、雨降りだったので、以前よりもさらに幻想的な雰囲気が増している。門の中を覗いてみたが、木が生い茂ったままあまり手入れもされていない状態で、先の方を見通すことができない。この神秘的な場所に来たら、ジョンが子どもの頃に遊んでいた様子を、目を閉じて想像するのがいいのかもしれない。

表通りのメンローヴ・アヴェニューに出て、ジョンが育ったミミ伯母さんの家に行く。ナショナル・トラストの管理下にあることを示す青くて丸いプレートが建物の外壁に付けられている。以前来た時にはなかったものだ。

雨が強くなってきたので、ペニー・レインにはバスで行くことにした。10分ほどで到着し、ラウンドアバウト周辺をしばし散策する。ともに休業だったが、「Sgt. Peppers Country Kitchen」は「SGT. PEPPERS BISTRO」に店名が変わり、「Penny Lane Records」も「NO QUARTER RECORDS」に変わっている。「Penny Lane」の歌詞に出てくる床屋（Tony Slavin）も休みだったので、隣のコンビニで買い物をし、近場のワインバーで昼食をとる。もちろんビール付き、である。

食べながら、牧野さんにこう提案した——「ペニー・レインからジョージの生家まで歩きませんか？　子どもの頃のジョージになったつもりで」。

ジョージの生家も、前回は行けなかった場所である。地図を見ながら20分ほど歩き回ったが、なかなか見つからない。かなり近くまで来ているのは間違いないが、道が入り組んでいて、なかなか辿り着けない。「これは弱った……」と思っていたら、目の前の細い道を車で通りがかった親子（母と息子）がいたので聞いてみた。

「あそこを右に回って……小道の奥にあるわよ」

ジョージの生家は長屋造りだというのは知っていたが、こんなに細い、行き止まりの場所にあるとは思わなかった。しばらく写真を撮ったりしていたら少年が近づいてきたので、よけたら、なんと「ジョージの家」に入っていった。しかも「スミマセン…」と。日本のビートルズ・ファンは何人ここに来たのかと、ちょっと複雑な思いだった。

ライヴは18時半開演で、まだ1時間半ほどある。ジョージの生家近くからタクシーを拾い、アンフィールド・スタジアムへと向かったが、すでに多くの人でごった返している。スタジアムの近くまでは行けそうにないので、途中で降りてしばし歩く。会場が近づくにつれ、物々しい雰囲気となり、馬に乗った警官まで出動している。入場口はさらに警戒厳重で、ペットボトルだけでなく、傘まで没収されたのには驚いた。隠し録りはできそうだが、特に準備はしてこなかった。

ポールのコンサートを観るのは89年のニューヨークのマディソン・スクエア・ガーデン（4回）、90年の東京ドーム（6回）、93年の東京ドーム（3回）、2002年の東京ドーム（3回）以来のことだった。今回は「スペシャル・ゲスト」も登場する特別公演であり、会場にはジョージ・マーティンやオノ・ヨーコ、オリヴィア・ハリスンなども来ているという。楕円形のスタジア

馬に乗った警官

ステージ全景

ムの円形の片側にステージがあり、席は1階正面。距離は遠いが、ステージ左右のスクリーンも含めて見やすい場所だった。しかも初の野外ステージである。開演時間が近づくにつれて雨も上がった。

18時半。まずは前座2組――地元リヴァプール出身のズートンズ（翌年解散）とリーズ出身のカイザー・チーフスが登場。それぞれ1時間弱の演奏だったが、カイザー・チーフスのステージ後方に設置されたバンド名が書かれたボードは、ビートルズの日本公演をモチーフにしたものに違いない。

20時50分過ぎに左右のスクリーンに映像が流れ始める。いよいよポールの登場だ。そして21時、司会者の、予想以上に長いMCに導かれ、ポールがステージに姿を現した。

リヴァプールのアンフィールド・スタジアムでのコン

カイザー・チーフスのステージ

サートは、その後の2度（2013年と2017年）の日本武道館公演以上の――つまりこれまでに観たポールのコンサートの中でも最高のステージだった。23時まで約2時間。通常のポールのコンサートよりは若干短かったが、興奮冷めやらぬまま夜中にホテルに戻り、その勢いで書いた『CDジャーナル』のウェブ用の記事はこれ、である。

特別リポート：リヴァプール通信
ポール・マッカートニーがデイヴ・グロールと共演!!
リヴァプール凱旋コンサートをどこよりも早くリポート
〜全演奏曲リスト付き!!

2008/06/02掲載

ビートルズの故郷として知られるイギリスのリヴァプール市が今年、欧州文化首都に選ばれたのを受けて、1月のリンゴ・スターに続き、ポール・マッカートニーがリヴァプールのサッカー・チーム、リヴァプールFCの本拠地のアンフィールド・スタジアムで6月1日に、3万5000人の前で記念イベント"The Liverpool Sound"コンサートを行なった。

コンサートは6時半にまずはズートンズ、続いてカイザー・チーフスが登場。そしてポールの曲をリミックスした『TWIN FREAKS』からの曲がBGMとして全世界から集まったファンの前で流れるなか、9時過ぎにイギリスのコメディアンの紹介を受けてポール・マッカートニーが5年ぶりに生まれ故郷リヴァプールのステージに立った。バックはここ数年、ポールのバックをつとめているおなじみのメンバーが顔を揃えた。

最初に演奏されたのは、なんとライヴ初披露となる「The Hippy Hippy Shake」。ビートルズがBBCラジオに出演した際に演奏したこの超マニアックな曲でくるとはだれが想像しえただろうか。いきなりの先制パンチで早くもめまいが……。その後は最近のライヴで演奏している曲が続く。「Drive My Car」や「Blackbird」などのビートルズ・ナンバーが演奏され、前半で早くも会場は大合唱となる。

ポールのリヴァプール公演（2008年6月1日）

その後「Calico Skies」を演奏したあとのMCで、なんとポールはこう言ったのだ。「日本人はどれぐらいいるのかな？　コニチハ」。おおー。前のほうに日本の国旗を振っているファンがいるのを見たからだろうか。ブラジルの国旗を振っているファンだっているぞ。思わず「イエー！」と叫んだら、斜め前にいるたぶん地元のおじさんに睨まれてしまったが。ちなみに日本人は思ったほどは見かけることがなかった。

これまた初披露となる「In Liverpool」というCD未収録曲のあと、故郷といえば欠かせない2曲「Something」と「Penny Lane」が演奏され、盛り上がりは最高潮となる。そしてここでもサプライズが！　ポールがスペシャル・ゲストを紹介。

登場したのは、出るのではないかと噂になっていたフー・ファイターズのデイヴ・グロールだ。デイヴはまずはギターで「Band On The Run」、続いてドラムで「Back In The U.S.S.R.」に参加。こりゃ盛り上がるなというほうがおかしい。その後は「Live And Let Die」「Let It Be」「Hey Jude」の怒涛の3連発でいったん幕となる。

アンコールの声が会場全体に鳴り響く中、アコギ1本でポールは「Yesterday」をしっとりと歌う。そして、ああここでもまた超弩級の曲が登場する。90年のリヴァプール公演で「Strawberry Fields Forever」「Help!」「Give Peace A Chance」のジョン・レノン・メドレーを初披露したポールのこと、今回も何かあるだろうとは思っていたが、演奏されたのは「A Day In The Life」!!! 続けてメドレーで「Give Peace A Chance」へと突入したが、後半は頭の中が真っ白でよく覚えていません。もちろん「A Day In The Life」のジョンのパートをポールが歌うのは初めてのことだが、そのあとの自分のパートの歌詞を間違えたのはご愛嬌か。興奮のるつぼと化したスタジアムに「Lady Madonna」の威勢のいいピアノが鳴り響き、再びデイヴ・グロールがドラムで参加した「I Saw Her Standing There」で、リヴァプールの記念イベント“The Liverpool Sound”ならびにポールの凱旋コンサートは終了した。

約2時間計26曲。前回の日本公演同様、いやそれ以上にはつらつとしたパフォーマンスをこうして見せつけられると、１００歳を越えてもステージに立っているんじゃないかという気さえしてくる。もうすぐ66歳なんて、信じられるかい？

文／藤本国彦

★ポール・マッカートニー@リヴァプール・アンフィールド・スタジアム（２００８年６月１日）

《演奏曲》

1.The Hippy Hippy Shake /2.Jet /3.Drive My Car /4.Flaming Pie /5.Got To Get You Into My Life /6.Let Me Roll It /7.My Love /8.C. Moon /9.The Long And Winding Road /10.Dance Tonight /11.Blackbird /12.Calico Skies /13.In Liverpool /14.I'll Follow The Sun /15.Eleanor Rigby /16.Something /17.Penny Lane /18.Band On The Run（with Dave Grohl on guitar）/19.Back In The U.S.S.R.（with Dave Grohl on drums）/20.Live And Let Die /21.Let It Be/22.Hey Jude encore:23.Yesterday/24.A Day In The Life～Give Peace A Chance/25.Lady Madonna/26.I Saw Her Standing There（with Dave Grohl on drums）

《Tha Band》

Paul McCartney（1～5 bass/6 guitar/7～9 piano/10 mandolin/11～15 acoustic guitar/16 ukulele/17～19 bass/20～22 piano/23 acoustic guitar/24 bass/25 piano/26 bass）, Paul Wickens（Wix）（keyboards）, Rusty Anderson（guitar）, Brian Ray（guitar, bass）, Abe Laboriel Jr.（drums）

興奮のあまり、文体までいつもとまったく違うノリになっているが、いち早く伝えようと一心不乱にホテルの部屋で書いたのを、今でもはっきり覚えている。ＣＤジャーナル編集部へのメールを見返したら、こんなことを書いていた。

「今まで見たポールのたぶん15回ぐらいのなかでこれ以上は望めないという最高のステージ。珍しくも何度か泣きそうになってしまった。今日はコーフンしすぎて眠れません。気合でＣＤＪのＷＥＢ用にこれから原稿を書こうと思ってます」

帰国後、『CDジャーナル』08年8月号のカラー特集「マッキー&F親方のリヴァプール&ロンドン ビートルズの旅」用に冷静になって（?）書いた、WEBとは重複しない後半の原稿も転載する――。


約2時間計26曲。ちょうど離婚騒動のゴタゴタに終止符が打たれようとしていた時期でもあり、逆境を乗り越えたときの強さをここぞとばかりに発揮してくれるだろうと期待はしていたが、予想をはるかに上回るステージだった。前回の日本公演同様、バック・バンドとの相性も良く、ライヴの道のりがまだまだ続くであろうことを確信できる演奏だった。

実際、ポールは2週間後の6月14日にはウクライナのキエフで野外コンサートを行なうなど、ライヴ活動に弾みをつけ、さらに今年の秋からの約2年間、ヨーロッパ、北米、南米、アジア、オセアニアを回る大規模なワールド・ツアーを行なうとイギリスの大衆紙『デイリー・ミラー』では報じられている。また、ポール自身、今回が最後のツアーになるだろうと述べたともいう。

この手の報道は過去にもあったので、真偽のほどは定かではないが、数年後にはポールも

70歳。あと何年ステージに立てるだろうかと思う半面、リヴァプールでの熱唱・熱演を見聴きしていると、軽く10年以上はできそうな気さえしてくるが、「The Hippy Hippy Shake」で聴かせたシャウトを（……高音が出なくてもいいので）会場いっぱい響かせてほしい。そしてラスト・コンサートではアンコールに応えて「Her Majesty」をやってほしい。

そんな絵空事を思い浮かべながらコンサートの余韻に浸っていたところ、ステージにふと目をやると、ＬＰサイズのコンサート・プログラムの真ん中の穴から顔をひょいと出し、警備のおまわりさんを爆笑させている牧野さんが見えた。

「軽く10年以上はできそうな気さえしてくる」と書いてから12年。いまだにライヴを続けているのだからすごすぎる。

いま改めて振り返ってみても、いきなり「The Hippy Hippy Shake」が飛び出したのには心底驚いた。あまりにびっくりして、ポールみたいな大きい目になったんじゃないかと思う。その曲はリヴァプールのアンセムとしても知られており、ビートルズはデビュー前後のライヴやラジオ出演時に演奏していたが、ポールが取り上げたのはそれ以来のこと。地元での特別公演を意識した選曲でステージに臨んだのは明らかだった（「The Hippy Hippy Shake」と「In Liverpool」は、その後、一度もライヴでは演奏されていない）。「A Day In The Life」の初演に立ち会えたのも、今から思うと奇跡的な出来事だった。何が出てくるか予測がつかないコンサートを観るのは、やはり刺激的である。

　コンサートが終わり、出口に向かおうとしていた時に、ちょっと面白いことがあった。すっかり酔っ払った女性がからんできて、なかなか離れようとしないのだ。「藤本さん、どうぞ」と牧野さんはこっちに押し付けようとするが、呂律の

終演直後、牧野さんと

回らない喋りを聞いていて、酔っぱらっているんじゃなくてラリっているんじゃないかと思った。けっこう強引だったのでどうなることかと思ったが、記念写真を撮ってもらったから、まあいいか。

スタジアムを出たのは23時過ぎだったが、一杯やるにもパブは人だかりだったので、ホテルに戻ることにした。ところが、スタジアム前のバス停は大行列で、すぐに乗れそうもない。辺りにはタクシーも見当たらない。仕方がないので、しばらく歩いてタクシーを見つけたら乗ろうと思った。そうしたらバス停が見えたので向かってみると、10人ほどが並んでいる。時刻表を見てみたら、すでに「最終」は行った後だった。ここに並んでいるこの人たちは、このあといったいどうするつもりなのだろうか……。そう思いながら、さらに別のバス停を探しに歩き、同時にタクシーがいないか周りを見渡してみる。運良くバスが来たので「行けるだけ行ってみよう」と、牧野さんと2人、意を決した。方向音痴だということはすでに書いたが、この時も、何となくあっちだろうという、ほとんど当てずっぽうのような思いで、バスがその方向にまっすぐ進んでいくまでは乗り続けようと思っていたのだ。もし左右のどちらかに曲がったら降りる。麻雀で鍛えた勘どころが役に立つか、一か八かの大勝負である。

幸いなことにバスはずっとまっすぐ進み、終点となった。だが、降りてはみたものの、辺りは真っ暗闇で、そこに2人だけぽつんと置き去りにされたという感じだ。「なるようになれ」と思っていたら、すぐにタクシーが通りかかった。ラッキー!! これで戻れる。ホテルの名前を告げると、運ちゃんは笑って、なんとこう言ったのだ——「すぐそこだから、乗る必要はないよ」

そこは、ちょうどホテルの裏手だったのだ。気を良くしてホテルに戻り、ライヴ・レポートを書いたのはその直後のことである。

『マジカル・ミステリー・ツアー』バス

6月2日、リヴァプールの最終日。一度ぐらいはいいかと思い、ゆかりの地をバスで巡る『マジカル・ミステリー・ツアー』を楽しむことにした（チケットは前日に購入していた）。

10時過ぎに雨のライム・ストリート駅に向かい、いざ不思議な旅へ。回ったのはジョージの生家〜セント・ピーターズ教会〜ストロベリー・フィールド〜ジョンの育った家（ミミ伯母さんの家）～ポールの育った家～ペニー・レイン～エンプレス・パブである。

11時から13時までの2時間、マシュー・ストリート以外の主な場所を回る便利なバス・ツアーではあったが、はっきり言って物足りなかった。その最たる理由は、降りるところと降りないところのバランスが悪かったからだ。ジョンとポールが出会ったセント・ピーターズ教会やジョンの育った家、エンプレス・パブは、車内から眺めるだけだったし、ペニー・レインも、ラウンドアバウトは素通りし、"PENNY LANE"と書かれた標識の前に止まって写真を撮るだけで終わり。唯一、ポールのフォースリン・ロードの家に初めて行けたのは良かったが、昨日までにじっくり歩いて回れて良かったとつくづく思った。

ともあれ、20年前には日帰りだったリヴァプールを、数日間堪能でき、地元の人の優しさも十分に感じることのできた思い出深い旅となった。

ロンドンでの日々

ルパート・コート

旅の主目的は果たしたので、ロンドンでは「ビートルズのゆかりの地巡り」に徹しようと思っていた。だがロンドンも、雨か曇りと、天気にはあまり恵まれなかった。

泊まったのはユーストン駅からわりと近いロイヤル・ナショナル・ホテルで、ビートルズも泊まったでかいホテルである。最寄りはラッセル・スクエア駅で、ラッセル・スクエアをはじめ、ビートルズがデビュー後（63年）に宣伝用の写真撮影をしたゆかりの地もあちこちに点在している。いいホテルを予約できたものだ。

ホテルに荷物を置き、まずは近場のソーホー周辺へと向かう。ポールの事務所ＭＰＬに始まり、ジョンがＢＢＣテレビの番組でドアマンを演じた公衆トイレ、テレビ映画『MAGICAL MYSTERY TOUR』のストリップのシーンで使われたレイモンド・レビュー・バー、ビートルズの初期のカメラマン、デゾ・ホフマンの写真で知られるルパート・コートなどを隈なく回る。ルパート・コートは、何の変哲もない細い路地なのに、見た（来た）

瞬間に、ビートルズの4人が歩いている様子が目に浮かんでくるから不思議だ。見慣れた写真の場所がこうして目の前にある、という感覚は、その場に足を運んでみないとなかなか実感できない。

アップル・ビル

続いてピカデリー・サーカスに足を運び、プリンス・オブ・ウェールズ、ロンドン・パヴィリオン、そしてサヴィル・ロウのアップル・ビルへ。アップル・ビルは、いつこの場所に来ても、「このビルの上でビートルズが演奏したのか」という感慨深い思いが頭をよぎる。ニューヨークで観たロン・ウッド展の時もそうだったが、この時も、タイミング良く、アップル・ビルの3軒先のジェイムズ・ハイマン・ギャラリーでリンダ・マッカートニーの写真展が開催されていた。ポールの珍しい写真も多く、写真をばしばし撮っていたら途中で注意されたが、そのあたりもなぜか寛大だ。カタログは150ポンドと高価だったので、悩んだ挙句あきらめた。

20年ぶりに来たロンドンは、スターバックスが多く、他にマクドナルドやGAPなど

「アメリカの店」がかなり目立つようになっていた。無印良品（MUJI）もあった。コーヒーがどこでも普通に飲めるようになった、というのが、この20年での最も大きな変化だったかもしれない。コンビニ（雑貨屋）に「Pokka Cappuccino」と書かれた缶コーヒーがあったので、試しに買ってみたが、240mlで1.5ポンド（約300円）と高い。しかもウマくない。リヴァプールに1店あったウィンピーは、ロンドンにはなし。その多くがバーガーキングに変わったと聞いたが、バーガーキングもほとんど見当たらなかった。

リンダ・マッカートニー展

レコード屋に関しても、ヴァージン・メガストアは、日本にはないチェーン店に変わっていた。「ジョンの公衆トイレ」に行った後、オアシスの『MORNING GLORY』のジャケット撮影場所となったバーウィック・ストリートにあるレコード屋にちょっと入ってみたが、CD屋だったので、ざっと見て店を出た。そこで本格的にアナログ・レコードを見ようと思い、地下鉄に乗り、ノッティング・ヒル・ゲートの「ミュージック&ヴィデオ・エクスチェンジ」へと向かった。店に入ってみたら、20年前は安かったビートルズのレコードが軒並み高くなっている。ひととおり見たが、これというのは見つからない。シングルは10枚ほどあったが、すべて10ポンドで、3倍ぐらい値上がりしている。壁にかかっている『REVOLVER』は170ポンドである。

そうした中で、ポールとユースの覆面プロジェクト、ファイアーマンの『STRAWBERRIES OCEANS SHIPS FOREST』の、ジャケットの異なる限定番号入りのプロモ盤があった。まあ何とか手の出る値段ではあったが、買うのはやめた（牧野さんは『THE BEATLES』のオリジナル・モノ、『ABBEY ROAD』のレフト・アップル、『RAM』などを購入）。レコードも一期一会と言われることが多いが、ホテルに戻った後「どうしようかなあ」と悩み、「買っとけばよかった」

と後悔しそうだからと思い直し、最終日に一人で買いに行った。

スパークスのライヴ

ロンドンでは、レコード屋だけでなく、ポール以外のライヴもいくつか楽しんだ。これもタイミング良く、といっていいだろう。まず6月3日の夜に観たのは、日本でもコアなファンが多いスパークスである。会場は、エンジェル駅近くにある200人ぐらい入れるこぢんまりとしたイズリントン・カーリング・アカデミーだった。あとで調べてみてわかったことだが、5月16日から6月13日までの21日間、スパークスがこれまでに発表した20枚のアルバムをそれぞれ1日1枚ずつ順に演奏し、最終日には、5月に出たばかりの21枚目のニュー・アルバム『EXOTIC CREATURES OF THE DEEP』を別の会場で演奏するという、何とも画期的な試みだった。

観に行った日は、86年に出た14枚目のアルバム『MUSIC THAT YOU CAN DANCE TO』の全曲演奏だったが、80年代のスパークスはほとんど聴いていないし、このアルバムも日本盤は出ていない。つまり曲はまったく知らないのだ。ポールのライヴがもう少し早い時期にあり、「70年代のスパークス」だったらもっと良かったのに、とちょっと思ったが、それでも、ポールが「Coming Up」のプロモーション・ヴィデオで扮した兄ロン・メイル（スパークスはロンとラッセルの兄弟）を間近で見られたと思いながら、約1時間楽しんだ（不謹慎な楽しみ方かも）。観客はほとんど50代以上の男性ばかりで、しかも半分も埋まっていなかったが、終演後、酔っぱらった40歳ぐらいのお兄ちゃんが寄ってきて「ハロー」と言われてなぜかほっぺたを撫でられた。ＹＭＣＡに続く2人目のゲイのお兄ちゃん登場、ということか。

スパークスのライヴ（2008年6月3日）

アビイ・ロードからEMIハウスへ

翌6月4日の目玉は、アビイ・ロードである。初夏で天気がいいと、ジャケットと同じような雰囲気の写真が撮れるのだ。11時頃に着いたが、人はやはりそこそこいる。今なら道路の正面に行って撮ると思うが、当時は、無茶はせず、横断歩道の片側か、斜めぐらいから何とかカメラに収めるというファンが多かった。アビイ・ロード・スタジオは、入り口のドアの前まで行っても怒られることはまだなく、中が開くたびに覗いても大丈夫だった。撮影の合間にビートルズの4人が休憩していた場所で牧野さんと写真を撮っていたら、40年以上住んで

“ガラケー”持参でアビイ・ロードを横断（2008年6月4日／撮影：牧野良幸氏）

ポールの家

いるという通りがかりの男性に「ジョンに似てるね」とまた言われた。前回のニューヨークでの「取り調べ室」とは、言われた環境は大違いだ。そういえば、リヴァプールでは「ショーン・レノン？」とも言われたっけ。

アビイ・ロードの後は、もちろんポールの自宅へと足を延ばした。前回は家具屋のチラシを頂戴したが、今回はポストには何も入っていなかった。ただし、たまたまバンが中に入り門が開いたので、止まっている車が見える、という幸運（?）もあった。

続いて映画『A HARD DAY'S NIGHT』の撮影場所として知られるメリルボーン駅まで行き、そこで牧野さんと別れて、それぞれ単独行動をとることにした。まずは20年前には行けなかった映画のロケ地を探索したが、最も感動したのは、映画のオープニングに出てくるボストン・プレイス（映画の冒頭でジョージがコケた場所）だった。その後、同じく初めて訪れる元アップル・ブティックや、2度目となるEMIハウスなどを回った。一方、版画が本職でもある牧野さんは、テート・ブリテンのターナーのコレクションを観に行ったり、もう一度ソーホーに足を運び、MPL前の広場（ソーホー・スクエア）でスケッチをしたりしたと言っていた。

ルーファス・ウェインライトのライヴ

自由行動をした後、牧野さんとはウォータールー駅で落ち合う約束をしていた。この日の夜は、スパークスに次いで、サリー州のハンプトンコート・パレスで行なわれるルーファス・ウェインライトのライヴを観るのだ。ルーファスは当時（今でも）好きなミュージシャンの一人で、これも運が良かったと思う。ニューヨークのボトムラインでローチェスを観られたのと同じような気分で会場へと向かった。会場と言っても、ハンプトンコート・パレスは16世紀に造られた古城で、ルーファスは、その中庭のような場所にある野外ステージで演奏した。21時前から23時まで2時間。風が吹き抜ける肌寒い中でのライヴだったが、ロンドンで観られたルーファスも、思い出深いコンサートとなった。

翌日には、ルーファスとは逆に牧野さんからの誘いで、ヴァレリー・ギルギエフ指揮ロンドン交響楽団によるマーラーの交響曲第10番を楽しんだ。ただし、なぜか体調が芳しくなかった。もしかしたら、観た場所に問題があったのかもしれない。「プラチク星人」の未来都市、バービカン・センターだったのだ。

ルーファス・ウェインライトのライヴ（2008年6月4日）

そしてヘンリー・オン・テムズのジョージの豪邸へ

6月5日。リヴァプールから始まったイギリス・ツアーもついに最終日を迎えた。ポールのライヴとリンゴのエンプレス・パブともうひとつ、書き忘れたが、ジョージの豪邸に行くのも、今回の旅の大きな楽しみだった。

「豪邸」とは、ジョージの最初のソロ・アルバム『ALL THINGS MUST PASS』のジャケットの撮影場所ともなったフライアー・パークのことだ。パディントン駅からヘンリー・オン・テムズ方面の列車に10時45分に乗り、途中、トワイフォード駅で乗り換え、ちょうど正午にヘンリー・オン・テムズ駅に着いた。

「すごくきれいな所だよ」と教えてくれたのは、ポールのチケット引き換えの時に話をした、ノルウェーから来たデヴィッドだった。駅前からテムズ川周辺を歩いただけで、なるほど、たしかにそのまま絵になるような、自然の多い、ゆったりとした町だった。

「ジョージはこんなにステキな街に住んでいたのか」

避暑地としても最適だし、リヴァプールやロンドンとはまるで異なるイギリスの別の顔を初めて見たようにも思った。

だが、フライアー・パークはどこにあるのか、皆目見当がつかない。町をただのんびり歩いているだけでも楽しいが、案内所を探すことにした。30分ぐらい歩いていたら、ようやくそれらしい場所を見つけた。とはいえ、案内所のイメージではない。いわば「ヘンリー・オン・テムズならではの案内所」だった。そこで聞いてみたら、どうやら近いらしい。そのまま細い道をまっすぐ5分ほど歩いたら、見覚えのあるレンガ造りの外壁が見えてきた。細い道から大通り沿いに出たので、右に顔を向けたら、見慣れた門がすぐに目に入った。

ストロベリー・フィールドやアップル・ビルと同じように、見慣れた場所がまたいきなり目の前に登場、である。門の前に徐々に近づいていった。

「なんという広さ！　すごい場所に住んでいるなあ……」

中は東京ドームと同じぐらいの広さかもしれないと思ったが、ぐるっと一周するのはやめた。中にはもちろん入れないので、門の前でしばらく佇むことにした。ついでに門の間から手を伸ばして、葉っぱを記念に持ち帰ってきた。

旅の最後はジョージ。……と思っていたが、そのあともう一度アップル・ビルまで足を運び、牧野さんとの8日間の楽しい旅は終わりを告げた。

リヴァプールは、ビートルズ観光地になったとはいえ、まだまだのどかな町並みに変わりはない。数日過ごせたことでそれを実感できた半面、ロンドンは東京と同じ大都会で、「お金を稼ぎに人が集まる場所」だということを肌で感じた。これは20年前には気づかなかったことだ。都会と田舎の違いといえばたしかにそのとおりだが、リヴァプールのほうが肌に合うと、この時に初めて思ったのだった。次はいつ来られるだろうか？

フライアー・パークの門の前で（2008年6月5日／撮影：牧野良幸氏）

Disc 7

ビートルズ「冥土の土産ツアー」

2017–2019

名古屋でビートルズ講座

3回目のイギリス行きは、ポールのリヴァプール公演の9年後にやって来た。

その間、『CDジャーナル』の編集部をちょうど20年の区切りで2011年5月に離れ、翌11年6月から15年1月まで、音楽好きの社長との縁が元で、音楽データ関連の業務に従事した。ただし入社の条件として「土日・祝日」にビートルズの仕事をすることは承認してもらったので（承認してもらえなかったら入社は断るつもりだった）、マーティン・スコセッシによるジョージの伝記映画『GEORGE HARRISON: LIVING IN THE MATERIAL WORLD』（11年）の字幕監修を、旧知のピーター・ホンマさんと一緒に担当できた。

「ビートルズでメシが食えたらいいなあ」と漠然と思ったのは高校の時だったが、30数年後にフリーとなり、今度は「ビートルズだけでメシを食おうか」と何となく決めた。決めたと言っても、先はどうなるかわからない。幸い、その後も良き縁に恵まれ、現在に至るまで、声がかかったら、ひとつずつ地道に進めていくということを繰り返しているわけだが、たまに仕事がいくつも重なった時にはしんどい思いをすることもある。そんな時は、こう思うようにしている。

「自分が好きでできる最大限のことが〝ビートルズ〟なんだから、ありがたいと思って楽しまないと」。

もともと、「書く」よりも「編む」ほうが好きなので、フリーになってからは、『CDジャーナル』がらみの仕事を優先しながら、主に本作りを中心に編集・執筆作業を進めていた。そうしたら、『CDジャーナル』の編集部から電話があった。15年10月のことだ。名古屋にある栄中日文化センターの方が連絡を取りたがっているという。早速、連絡してみたら、こんな返事だった──「来年はビートルズ来日50年という節目の年なので、ビートルズをテーマにした初めての講座をやりたいと思い、インターネットで見て講師を決め、まず『CDジャーナル』の編集部に連絡してみました」と。

その時、即座に頭に浮かんだのは、大学4年の時の、地元中学での教育実習のことだ。あの2週間の出来事が、無意識ながらも長い間トラウマになっていたのだろう。「教壇に立って一人で喋るのは難しい」と瞬時に思ったのだ。だが、よくよく聞いてみると、正面に立って喋るのではなくても大丈夫とのことで、それを聞いて安心した。それにテーマはビートルズであり、東京以外の場所にどんなビートルズ・ファンがいるのかにも興味があった。

その時はちょうど牧野さんの『僕のビートルズ音盤青春記 Part2 1976-2015』の編集作業の真っ最中だったので、愛知県岡崎市出身の牧野さんに聞いてみた。「栄中日文化センターってどんな所ですか?」と。そうしたら、名古屋では知らない人はいない、古くからあるカルチャーセンターだという。調べてみたら、中日ビルができたのと同時に開設されたとある。しかも、できたのはビートルズ来日と同じ年だった。

講座はまずは16年2月から5月までの4回となった。募集は40人予定で、最低20人で開催とのことだったが、ありがたいことに、上は80代から下は20代まで60人もの方が来てくださり、部屋も「クラブ東海」という政治家の寄合や中日ドラゴンズのドラフト会議の記者会見などをやる最上階の部屋を使えることになった。

こうして16年2月から5月までの第1期の講座が無事に終わり、第2期(16年7月から17年3月までの計9回)、第3期(17年4月から9月までの計6回)と、2期以降はほぼ40人の方と、むしろビートルズの現役時代の話を私が教えていただく形で月一度、名古屋に足を運ぶ機会に恵まれた。相撲好きなので、7月の名古屋場所にも毎年足を運ぶことができた。愛知県体育館は、奇しくも、幻に終わった80年のウイングスの名古屋公演の会場でもあった。

藤本国彦と行く「冥土の土産ツアー」

第2期の講座が開催されていた16年の秋ぐらいからだっただろうか。講座が終わった後に、同じ中日ビルの2階の喫茶店で、ビートルズのよもやま話も含む懇親会にも顔を出すようになった。最初は数人で始めたそうで、その輪が次第に広がっていった感じだ。そうした中で、どうやらイギリス旅行の話が持ち上がったらしい。私が旗振り役となり、ゆかりの地を案内するツアーである。そのお茶会には毎回20人は顔を出していたが、そのほとんどが「イエス」という意思表示だった。最初は「実現できたらいい」という程度の構えでいたが、そんな折に飛び出したのが、ビートルズのリアルタイムを体験した方による、この一言だった。

「冥土の土産に連れて行ってほしい」

その時に、即座に思ったのはこんなことだった——ビートルズが好きでしょうがない人が、亡くなる時に「イギリスに行けば良かった」と思うか「イギリスに行って良かった」と思うかは大きな違いだ、と。

「これはぜひ、実現させたい！」

名古屋の講座がきっかけとなったので、講座の方を最優先に、名古屋発でということをその時は考えていた。「ビートルズゆかりの地ツアー」はこれまでにも数多く実施されているが、内容はさまざまだ。ありきたりの場所だけでは物足りないし、マニアック過ぎても着いていけない。とはいえ、名所をある程度まわり、自由時間を増やし、金額もかなり張るというツアーが実際にあったので、そうはしたくない。

そんなふうに考えていた時に、ひとつのアイデアが浮かんだ。井上ジェイさんにご相談してみようと。井上さんとは『CDジャーナル』編集部に在籍していた頃からの長いお付き合いで、『ビートルズUK盤コンプリート・ガイド』や『サージェント・ペパー50年』などの書籍でもご一緒している。勝手ながら最も信頼しているお一人でもある井上さんは、カメラマンでもあり、レコード店をやりながら旅行会社も運営しているのだ。もちろん、ビートルズ・ツアーの実績もあり、ロンドンとリヴァプールはお手の物、である。こうした経緯もあり、最終的に井上さんのオアシス・オフィスとの共同企画での実施となった。

ツアー名は「藤本国彦と行く ロンドン＆リバプール・ビートルズゆかりの地めぐりの旅」である。

こうして「冥土の土産ツアー」は、17年だけでなく、18年、19年と、それぞれ定期的に10月に開催するシリーズとなった。参加人数も徐々に増え続け、行く場所も少しずつ変わっていった。

17年の最初のツアーについては、『ビートルズはここで生まれた』（CCCメディアハウス）という書籍（ガイドブック）に、写真や詳細な地図も交えてまとめたので、そちらもぜひご一読いただきたい。ここでは、17年から19年までの3回のツアーについて、それ以前のイギリス旅行では味わえなかった話を中心に綴っていこうと思う。

◉2017年10月15日〜22日　ロンドン／リヴァプール

ビートルズ・ファンによる初のツアー

合計8日間。ロンドンから専用バスでフライアー・パークを経由してリヴァプールへと向かう初の団体旅行である。総勢20名の内訳は、講座参加者が11名と多く、名古屋近郊が半数以上を占める。井上さんと私も含めて60代13名・50代5名・40代2名、男女比は男性11名・女性9名だった。顔を合わせてみたら、ビートルズのトリビュート・バンドのライヴやイベントなどでたまたま知り合ったことのあった人も多く、ここでもまた「ビートルズの縁」を感じた。

08年以来9年ぶりとなるイギリス行き。昔と違って「クレジットカードで支払いはすべてOK」などとガイドブックに書いてはあるが、ポンド紙幣はやはり必要だし、なんだかんだで準備にもそこそこ時間が取られる。必需品は人によってそれぞれだと思うが、パスポートとポンド紙幣の他に、洋服や雨具などの日用品、海外使用を可能にする携帯電話、変圧器、それに珈琲とガム（発売されてからずっと愛用しているブラックブラック）あたりを準備した（カレーは断念）。ちょうど秋の花粉にやられてもいたので、ポケットティッシュも大量に持っていった（これはかなり役立った）。

まずはロンドン。泊まったホテルは、中心部からやや西寄りの、ピカデリー・サーカスに行くにもわりと便利なグロスター・ロード駅近くのミレニアム・ホテル（正式名称はミレニアム・グロスター・ホテル）である。

長旅の疲れを癒そうと、到着後、まずはホテル内のパブでビールで乾杯した。酔いがちょっとまわったところで各自部屋へと向かったが、早々と、ちょっとした事件が起きた、というか起こした。長年愛用しているバッグをホテルのパブに置き忘れたのだ。慌ててパブに戻ったが、バッグがない。中には、パスポートも、日本で両替した紙幣も、すべて入ったままだ。そうしたら、カウンター内にいるパブの店員が「こっちに来い」と手招きしている。幸い他に旅行客がほとんどいなかったせいか、バッグに気づいた別の店員が預かってくれたようだ。御礼を言い部屋に戻り、再度バッグを開けてみると、パスポートも紙幣も、もともと入れてあった場所から出されている。念のため紙幣も数えてみたら……10ポンド減っていた（笑）。チップ代わりで済んで良かったと、ここは素直に感謝すべきだろう。もしパスポートを紛失していたら、その後の旅はどうなったか。想像しただけでも頭がクラクラしてくる。

この「ビートルズ・ツアー」は、とにかくよく歩く。だが、ゆかりの地を上っ面だけ味わうバス・ツアーは牧野さんとの『マジカル・ミステリー・ツアー』で懲りていたので、歩くツアーは大歓迎だ。バスだと、ゆかりの地は「点」と「点」だけでしか味わえないが、歩きだと、「点」と「点」が「線」で結ばれるのだ。だから、どこに何があるかをより実感できる。もちろん今回のツアーは歩きだけでなく、地下鉄や専用バスも適宜利用しながらの旅である。

88年に最初にロンドンに来た時は、トークンと呼ばれるコインをそのつど投入口に入れて改札を通っていたが、前回牧野さんと来た時からは「オイスターカード」という、日本でいうメトロカードができて楽になった。とはいえ、改札の作りが古いので、カードを触れても反応しない時がある。当然、もう一度、より強く押すことになるが、そうすると2回分とみなされ、知らぬ間にチャージ金額が減っていることがあるのだ。

初めてのゆかりの地も

このツアーで初めて行ったロンドンのゆかりの地は、ジョンとヨーコが出会ったインディカ・ギャラリー（ようやく場所が判明）や、ビートルズの「Hey Jude」やジョンの「Cold Turkey」などがレコーディングされたトライデント・スタジオ、ビートルズが62年1月にオーディションを受けた旧デッカ・スタジオ、ポールが最上階に居候し、「Yesterday」を書いたジェーン・アッシャーの家などだった。

アップル・ビルは3回目の訪問となったが、運の良いことに、14年に、ビートルズ好きの経営者に変わった。しかもお店は、子供服専門店「アバクロンビー＆フィッチ・キッズ」である。これまでは借主が変わっても中にはまったく入れなかったが、今回はそうじゃない。屋上はフェンスもないので立ち入り禁止になってはいるものの、その下の階までは自由に行き来できる。ということは、ビートルズが屋上で演奏した時に目に映ったものに近い光景を脳裏に焼き付けることができるのだ。しかも、当時スタジオのあった地下の階段も自由に――というよりも勝手に降りて行けるのだからたまらない。

自由行動の時に行ったチズウィック・ハウスも忘れられない。そこはビートルズが66年

チズウィック・ハウスとEP『Nowhere Man』のジャケット写真

に「Paperback Writer」と「Rain」のプロモーション・ヴィデオを撮影した場所で、行きたいと長年思っていたのだ。もちろん、ヴィデオと同じように「ビートルズごっこ」を楽しんできた。

アビイ・ロードがハイライト

団体ツアーは、大変だが面白い。中でも、アビイ・ロードの横断歩道がハイライトだった。『ABBEY ROAD』のジャケットと同じように、いかに手際良く4人揃いの写真を撮れるか？　車は頻繁に通るし、ファンは勝手に渡るので、足並みの揃った写真を撮るのは至難の業だが、井上さんとの連携で、大きな支障もなく何とか乗り切った。同じく、メリルボーン駅の右手にあるボストン・プレイスの歩道での「再現」（映画『A HARD DAY'S NIGHT』の冒頭でジョージが転んだ場面）も、このツアーの毎回の楽しみである。

ヘンリー・オン・テムズは2度目の訪問となったが、今回はここでもひとつやらかした。無事に「フライアー・パーク」の正門に到着した後のことだ。感慨に浸りながら写真撮影に臨んだ際に、インターホンを押すふりをして写真を撮ろうとしたら、間違えて本当に押してしまったのだ。

「しまった!」

門が開いたフライアー・パーク
(2017年10月18日/撮影:菊池健氏)

そう思って門に目をやったら、なんと、重い鉄扉がゆっくり開き始めた。

「あいた!」

どうしようかと焦り、体が固まったまま、開いちゃったもんはしょうがないかと思い、しばらく様子を見ていた。「ああ、門が全部開いちゃたなあ」と思っていたら、今度はゆっくり同じ速度で閉まり始めた。門番が出てくるということもなかったので、内心ホッとしつつも、何食わぬ顔で、今度は確実に押さない距離でインターホンの前に手をかざして記念撮影を終わらせたのだった。

その後リヴァプールへと向かい、アデルフィ・ホテル（正式名称はブリタニア・アデルフィ・ホテル）に着いた。ライム・ストリート駅から歩いて数分の距離にある、築100年を超える、見るからに由緒のある（つまり古くて威厳のある）ホテルだ。ロンドンのミレニアム・ホテルは近代的でこぎれいなホテルだったが、アデルフィ・ホテルは、建物を大事にするイギリスらしい、作りがしっかりした落ち着きのある開放的なホテルだった。集合場所として何度も使うことになるロビー（昔はダンス・ホールだったらしい）の広さと大きさに、まず圧倒された。廊下も長くて幅が広く、部屋も広い。

進む「ビートルズ観光地」化

各自、荷物を部屋に置き、マシュー・ストリートに向かったら、アルマーニもラコステも、跡形もなく消えていた。リヴァプールの風景にはやっぱりそぐわない。だが今回は、「ビートルズ観光地」化がさらに進み、それを象徴する店もいくつか新たにできていた。

「RUBBER SOUL」「Kaiserkeller」「SGT PEPPERS」など、店名もそれ風である。

キャヴァーン・クラブの「元あった場所」には、開店60年を記念して17年1月に建てられたばかりのシラ・ブラック像があった。シラ・ブラックは、キャヴァーン・クラブでクローク係として働いていた時にビートルズのマネージャーのブライアン・エプスタインと知り合い、その後イギリスを代表する歌手となった人物だ。キャヴァーン・クラブの内部も様変わりし、ビートルズほか出演者の思い出の品やサイン入りのギターやレコードなどが、壁面のほぼ一面に飾られていた。

17年のツアーで初めて行ったリヴァプールのゆかりの地は、ジョンが生まれたオックスフォード・ストリート産院、ジョンとスチュアート・サトクリフが一緒に住んでいたギャンビア・テラス、ポールの『LIVERPOOL ORATORIO』（91年）や『ECCE COR MEUM（心の翼）』のコンサート（08年）が催されたリヴァプール大聖堂、それにリヴァプール・ジョン・レノン空港などだった。

それ以外に、前回きっちり見られなかった場所にも足を運ぶことができた。まずはイー・クラックである。牧野さんと店の前まで行ったのに、入らずに帰ってきた場所だ。

傾斜のある道の途中に建っているだけでも絵になるのに、茶色の建物に挟まれた白黒の見た目も最高だし、店名と店の看板も惚れ惚れするほどである。その後、毎年行く機会があり、今ではリヴァプールのパブで最も好きな場所となった。セント・ピーターズ教会も、今回は教会に向かう手前の墓地でエリナー・リグビーの墓もしっかり見られたし、ジョンとポールが実際に出会ったチャーチ・ホールにもようやく足を踏み入れることができた。

　もう1ヵ所、マージー川沿いのアルバート・ドックの「ビートルズ・ストーリー」という博物館も、前回は混んでいてあきら

イー・クラック

めた場所だった。デッカのオーディションで演奏された「Hello Little Girl」のアセテート盤と、『YESTERDAY AND TODAY』の幻のジャケット――発売直後に回収された〝ブッチャー・カヴァー〟の上に新たに貼られた〝トランク・カヴァー〟の別ジャケット、それに『THE BEATLES（WHITE ALBUM）』の〝青盤（青いカラー・レコード）〟など、存在すら知らなかったレコードも展示されていた。

残念な変化

その半面、以前とは様子が変わった場所もある。特にジャカランダは物足りなかった。どうやら、08年に行った後に何度か閉店し、14年に営業を再開したようだ。ジョンとスチュが描いた壁画は地下にそのまま残っているものの、イベントやライヴで使われる空間に変わってしまい、行ってみたら、アコースティック・ギターを抱えた女性が一人で歌っていた。地下がひとつのスペースとして囲われてしまったことで壁画が以前よりも見づらくなり、しかもところどころさらに剝げ落ち、壁画の前に手すりまでついてしまった。「歴史的建造物」の景観が損なわれてしまったのが残念でならない。

もうひとつ残念だと思ったのは、エンプレス・パブである。もちろん、来るたびにワクワクした気持ちになるが、大きく異なる点が2つあった。1つは、建物の外観が少し変わっていたことだ。3階建ての3階の窓に、安っぽいビートルズの顔の絵が描かれていたのだ。さらに、正面から見た時に目に飛び込んできた1階の左手の入口の上の文字を見て目を疑った。そこにはこう書かれてあった――。

TO LET

DO YOU WANT TO RUN THIS PUB?

なんと、営業停止状態だったのだ。08年には向かいや周辺には人がまだ住んでいたのに、いまはほとんど人気《ひとけ》がない。リンゴが生まれ育ったこのディングル地区が再開発されるという話がその後に持ち上がった影響だろうか。

今回、新たに行った場所はまだある。昼食をとったセフトン・パーク・ホテルは、スチュアート・サトクリフの家族が、スチュが亡くなる前の61年から70年まで住んでいたという、いわば「スチュアート・サトクリフ記念館」である。内装がきれいな、ゆったりとくつろげる高級感のあるホテルだった。

カスバ・クラブのジョンのナイフ書き

カバス・クラブ

もうひとつ、「ピート・ベスト記念館」と言ってもいいカスバ・クラブは、ピート・ベストの母モナ・ベストが作った店としてファンによく知られている場所だ。しかも59年8月の開店前にジョンやポールが内装を手伝い、それがそのまま残されているのだ。ポールが赤・青・黄のペンキで塗った天井や、同じくジョンが星を描いた天井、ピートが描いた蜘蛛の巣や、ピートとモナが描いた龍などである。奥の部屋には、シンシアが壁に描いたジョンのシルエット――60年5月10日のビリー・フューリーのバック・バンド用のオーディション

フライアー・パークでの集合写真（2017年10月18日／撮影：井上ジェイ氏）

で演奏するリーゼントのジョンの前かがみの姿を描いたもの――も変わらずに残っている。それ以外にも、壁にジョンがナイフで書いた“JOHN”という文字や、同じく赤い天井にジョンがナイフで書いた“JOHN IM BACK”の文字など、「歴史的」という言葉でも足りないものがそのままあり、それを見ると、目にしているのが信じられない気分にすらなってくる。しかも、ピートのすぐ下の弟（異父兄弟）のローリー・ベストの懇切丁寧な解説付きで中を案内されるのだ。17年のツアーのハイライトは、間違いなくこのカスバ・クラブだった。

◉2018年10月1日〜8日　リヴァプール／ロンドン

東京発30名のツアー

17年のツアーが好評だったので、翌18年も同じ時期に開催することが決まった。今度は早めに告知をしたところ、井上さんと私を含めて30名の団体旅行となった。

今回は東京発ということもあり、関東が23人と最も多く、残りは愛知・岐阜・京都・福岡と地域はわりと絞られていた。井上さんと私を含めて60代13名・50代12名・40代2名、30代3名、男女比は男性16名・女性14名だった。前年より50代が大幅に増え、新たに30代が加わったことになる。また今回は、『CDジャーナル』時代に知り合ったミュージシャンの鈴木惣一朗さんや元東京ビートルズ・ファン・クラブの島乙平さん夫妻、ジェフ・エメリックの回想録『ザ・ビートルズ・サウンド　最後の真実』を編集した藤脇邦夫さん、それにトーク・イベントによく来られる旧知の方の参加が多かった。それもありがたく、とても嬉しかった（滞在中の10月3日にジェフ・エメリックの訃報を耳にし、朝食時にホテルで藤脇さんにお伝えしたのも、不思議な縁だった）。

専用バスでフライアー・パークを経由するのは同じだが、今回は先にロンドンに行き、リヴァプールを回って東京に戻る、というのが前年とは大きく異なるところだ。ロンドンが先になったのは、10月7日にリヴァプールとマンチェスターのサッカーの試合がアンフィールド・スタジアムで開催されるため、ホテルが押さえられなかったからだ。

2度目の「冥土の土産ツアー」は、出発前から雲行きが怪しかった。前日の夜から、思わぬ「ビートルズ台風」がやって来る気配があり、電車が動かなくなる可能性があったのだ。覚えている方もいるかと思うが、JRが山手線ほか都内の主要電車の運行を初めて20時で取りやめた日である。

翌朝に本当に電車が動かなくなったらシャレにならないので、明朝早くに乗るタクシーを予約しようと電話をしてみたが、1台も手配できない。仕方がないので、前の日から羽田空港に向かってしまおうと思い、23時に家を出たら、たしかに嵐の前の静けさ——というよりも、すでに暴風雨間近で、普通には歩けない状態だった。そうしたら運良く地元の西小屋駅近くでタクシーを拾えたので、羽田空港へと向かい、翌朝の待ち合わせ場所をまず確認した。

「さて、どこで寝ようか…」

空港で寝るのを覚悟していたが、泊まれるホテルを何とか見つけ、すでに暴風雨となっている真夜中に、タクシーで羽田空港駅から3駅先の大鳥居駅近くへと向かった。

翌朝になってもJRは全線運行中止だったので、「ツアー以上に刺激的かも？」と思いながらホテルを出て、羽田空港国際線ターミナルへ。間に合わないからとあきらめかけていた藤脇さんに、とにかく空港まで来てほしいと伝えたりしていたら、出発が1時間遅れの9時50分発になったのが幸いし、無事に30人が揃ってまずは一安心、だった。

ポールとジョンの家へ

こうして、台風一過で真夏日のような快晴の東京から、まずはロンドンへと向かう。機内では映画『THE WILD ONE（乱暴者）』（53年）と『STAND BY ME』（86年）を観たが、それぞれの主人公のマーロン・ブランドとリヴァー・フェニックスをジョンに、その他の仲間をポール、ジョージ、リンゴなどに重ね合わせながらゆったりと楽しんだ。前回はヘルシンキ経由だったが、今回はマンチェスター経由で、専用の貸切バスでリヴァプールを目

ジョンが育ったミミ伯母さんの家

指した。

到着後、安めのイタリア料理店で飲み食いした後、数人で雨のマシューストリートへ。グレイプスを覗いたら、ツアー仲間の4人組が、すでに「特等席」に座っていた。

2日目にして、いきなり今回のツアーのハイライトとなるゆかりの地巡りがやってきた。昨年は残念ながら断念した、ジョンが育ったミミ伯母さんの家と、ポールがリヴァプールで最後に住んだ家の中へ初めて〝潜入〟できたのだ。これもいいタイミングで、と思うが、数ヵ月前（18年6月9日）にポールはアメリカのテレビ番組『ザ・レイト・レイト・ショウ・ウィズ・ジェームズ・コーデン』に出演し、ジェームズ・コーデンとともにリヴァプールを車で周り、フォースリン・ロードにある実家に行ったのだ。ポールが実家を出たのは20歳の時だったというから、

ポールがリヴァプールで最後に住んだ家

ビートルズのデビュー後、ほぼ初めてのことだった。

さらにポールは、その後、フィルハーモニック・ダイニング・ルームでシークレット・ライヴまで行なった。ポールのリヴァプール行きは、ニュー・アルバム『EGYPT STATION』からの先行シングル「I Don't Know/Come On To Me」の宣伝のためだったが、ポールは7月にもアルバムの宣伝のためにリヴァプールを再訪し、26日にキャヴァーン・クラブで20年ぶりにライヴを行なっている。

こうしてポールが行った数ヵ月後に実家に入れることになったが、家に入るには事前予約が必要で、一度に入れるのは15人までである。この時は、これも運良くちょうど30人だったので、二手に分かれ、専用バスでジョンとポールの家へと向かった。どちらもそれ以前は家の門の前から中を覗いて想像をめぐらすだけに留まっていたが、ようやく中に入れる日がやって来た。ともにナショナル・トラストが管理しているため、中では写真は撮れなかったものの、入れただけでもありがたい。

ジョンの家は予想よりは小ぢんまりとしていた。2階の部屋はいくつかに分かれていて、そのうちのひとつがジョンの部屋で、他の部屋は学生に貸していたそうだ。ジョンの部屋は4畳半程度だろうか。当時を再現し、ブリジット・バルドーの写真やギターなどが置かれていた。ポールの家は、さらに小ぢんまりとしていたが、ここでジョンと2人で「I Saw Her Standing There」や「She Loves You」を作っていたのかと思いながら、数ヵ月前にポールが弾いたピアノの鍵盤や、座った便器にしっかり触れてきた。『CHAOS AND CREATION IN THE BACKYARD』（05年）のジャケット写真にもなった裏庭に入れたのは、一生の思い出である。

フィルハーモニック・ダイニング・ルーム

そこまで行く？　マニアック・ツアー

ポールがシークレット・ライヴをやったフィルハーモニック・ダイニング・ルームにこのタイミングで初めて入れたのも、18年のツアーの忘れがたい出来事だった。そのライヴでは、「どっきりカメラ」のように、カーテンが下りたと思ったらそこにポールがバンド・メンバーと立っていて、いきなり演奏を始めたので、パブにいた60人の客はみな信じられないような顔をしていた。だが、今回、中に入ってみたら、ポールがライヴをやった時にはあったバー・カウンターも、ジュークボックスも、仕切りのカーテンも見当たらない。ということは……。

リヴァプールでは他にも、セント・ピーターズ教会の中に入れたし、ポールがサインしたペニー・レインのプレートも見られたし、映画『HELP!』の撮影場所となったストーンヘンジにも新たに行けた。だが、ストーンヘンジは、専用バスでは近くまでは行けなかっ

カスバ・クラブでローグ・ベストと
（2018年10月3日／撮影：菊池健氏）

エンプレス・パブで鈴木惣一朗さんと
"ウイングスごっこ"（2018年10月3日／撮影：菊池健氏）

「ビートルズ・ストーリー」(博物館)で“マハリシ・マヘーシュ・ヨギごっこ”
(2018年10月2日/撮影:菊池健氏)

たので遠目に眺めるしかなく、しかも運転手が道に迷い、その分、ヘンリー・オン・テムズでの滞在時間が短くなったのは残念だった。フライアー・パークではインターホンを意識的に押そうと思ったが、ご一緒した皆さんの視線が集中しすぎていたので、楽しみ(?)は次回に持ち越すことにした。

ロンドンでも、新たな場所が加わった。18年は『THE BEATLES』発売50周年となり、記念盤も11月に出るので、50年前の68年7月28日にビートルズが「マッド・デイ・アウト」と呼ばれるフォト・セッションを行なったロンドンの撮影場所のどこか1ヵ所にはぜひ行きたいと思っていた。行ったのは、セント・パンクラス教会である。通称『赤盤』『青盤』と呼ばれるベスト盤の中ジャケの柵の前にビートルズと取り巻きが立つ場所、といえばご存知の方も多いかもしれない。

ポールの事務所MPLではこんなことがあった。平日だと、外から覗いてもスタッフはこちらに顔を向けることはなく、黙々と仕事を続けている。だが、この時は、違った。ポールの新作『EGYPT STATION』が9月に出て、アメリカで1位になった直後だったからだろうか? あるいは、スタッフに対して鈴木惣一朗さんがおちゃらけた仕草を見せたり、『EGYPT STATION』のLPを菊池健さんが見せたりしたのが功を奏したのか、スタッフは珍しく笑顔を見せ、逆に写真を撮られたりした(菊池さんは、毎回ツアーに参加して、私の写真も大量に撮ってくださる方で、先に触れた『ビートルズはここで生まれた』でも大変お世話になった)。

この「冥土の土産ツアー」の飲食に関しては、特にロンドンの団体行動の時に入る店はある程度決まっている。主に2日目にあたるが、歩き続けて疲れた時に入るのは、ピカデリー・サーカス近くの中華街にある「ワン・ケイ(WON KEI)」という中華(広東)料理店だ。店内は広くて味もいいので、大人数にはうってつけだ。

夕方の自由行動の時に、特に行く当てのない人が集まって行くのは、同じくピカデリー・サーカス近くのフォートナム＆メイソンである。そこまでおいしいかなあと思う時もあるが（笑）、店員の「クイーンズ・イングリッシュ」を聞きながら高級店で味わう紅茶とスコーン、一度はぜひに、である。

夜の自由行動時間は、ビッグ・ベンやテムズ川周辺を楽しみ、散歩がてら、ビートルズがBBCラジオ用の収録後に頻繁に顔を出したというパブ「ザ・シャーロック・ホームズ」でお開きになる、という流れが定着している。パブに関してロンドンとリヴァプールで大きく異なるのは値段だ。安いのはもちろんリヴァプールで、ロンドンの3分の2ぐらいの値段で飲める。19年のツアーの際、ザ・シャーロック・ホームズで、店名と同じ名前のビールを、コーヒーのブレンドと同じ感覚で「店の看板の味」だと思って頼んでみたら、これがぬるくてめちゃくちゃ苦くて〝閉口〟した。味は好みがあるので一概には言えないが、ギネスはどの店もたしかにうまい。

18年のツアーは、アビイ・ロードの横断歩道での撮影が締めとなった。リヴァプールに生まれたビートルズの4人がロンドンに向かい、スタジオを去るまでのストーリーはわか

フライアー・パークでの集合写真
（2018年10月4日／撮影：井上ジェイ氏）

りやすくていいかもしれない。だが、あいにくの曇り空だったので、翌日（東京に戻る日）の朝早くに菊池さんと再びアビイ・ロードに向かい、『ABBEY ROAD』の裏ジャケットに写る標識の場所も探し歩いた。

こうして昨年に続き8日間を楽しく過ごすことができたが、この「冥土の土産ツアー」が他の「ビートルズ・ツアー」と一線を画すのは、マニアックな場所へも足を運ぶからだ。たとえばポールが5歳から8歳まで住んだ「5番目の家」と8歳から13歳まで過ごした「6番目の家」や、ジョージが6歳からビートルズがレコード・デビューする19歳まで住んだ「2番目の家」と19歳から22歳まで住んだ「3番目の家」などである。

「ここまでマニアックにゆかりの地を回らなくてもいいのに」という声が実際に聞こえてきたほどだ（笑）。彼らが子供の頃に住んでいた「普通の家」を実際に何ヵ所か回ってみると、彼らがどんな環境で育ち、どういう縁で結び付いていったのか、「ビートルズの不思議な旅」を実感できる。マニアックな場所も、歩いて回るからこそ、その周辺の雰囲気を肌で感じることができるのだ。

◉2019年10月4日～13日　ロンドン／リヴァプール／ハンブルク

ハンブルクまで足を延ばす

3回目の「冥土の土産ツアー」は、2ヵ国をまたぐ規模の大きい旅となった。もう1ヵ国は、リヴァプールとロンドンに次いで重要なドイツのハンブルクである。

ビートルズが、結成まもない頃から徐々に腕を上げていったのはリヴァプールだが、プロとして鍛えられたのはハンブルクだ。映画『EIGHT DAYS A WEEK - THE TOURING

YEARS』（16年）でも観られるように、ハンブルクには、「セックス&ドラッグ&ロックンロール」を地で行く猥雑で危険な街のイメージがある。

実際にはどんな雰囲気なのか。ビートルズが演奏したライヴハウスは、どの場所にどんなふうに残っているのか——。こうして、高校に入ったばかりの頃にワクワクしながら聴いた『デビュー!!ライヴ・ビートルズ'62』が収録されたスター・クラブ周辺に、ついに行ける機会が訪れた。

今回のツアーは、ハンブルクが加わったため、合計10日間となった。ロンドン、リヴァプール、ハンブルクの順に回るが、飛行機の兼ね合いで、間にロンドンが挟まり、「ロンドン＝リヴァプール＝ロンドン＝ハンブルク＝ロンドン＝東京」という具合に旅は進んでいく。

井上さんと私を含めて20人、30人と増えていった参加者は、今回は36人である。関東圏とそれ以外はちょうど18人ずつで、北海道・山形・宮城・和歌山の方も新たに加わり、福岡も4名参加と、さらに幅広い顔ぶれとなった。60代13名・50代12名・40代2名、30代3名で、男女比は男性19名・女性17名。井上さんと私を除くと男女比はいつも半々だ。過去の2回のツアーに参加した方が11名もいて、3回ともご一緒した方も3名いる。

毎回思うことだが、年齢も（おそらく）性格も価値観も人それぞれなのに、ゆかりの地巡りをしている時の表情は、もちろん私も含めて生き生きとしていて、笑顔も多い。「あれ、なんでこんなにたくさんの人といま一緒にいるんだっけ」とふと思ったりすることもあるが、「ビートルズが好き」という思いだけ（？）で異国の地に一堂に会している、というのがなんだかちょっと不思議でもある。

前回は『THE BEATLES』の50周年記念盤が出た時期だったが、今回は『ABBEY ROAD』の50周年記念盤の発売直後だった。アビイ・ロード周辺はさぞ盛り上がっていることだろう。

行きの機内では、『THE BEATLES: SGT PEPPER & BEYOND』という、珍しいインタビュー映像があちこちに出てくるドキュメンタリーを観たりしながらのんびり過ごした。最新映画『YESTERDAY』と『ROCKETMAN』もさわりを観たが、あとは帰りに楽しむことにした。

ロンドンのホテルは、今回はケンジントンにあるコプソーン・タラ・ホテルに変わった。

ケンジントンは、ハイドパークやロイヤル・アルバート・ホールも近い「青山のような閑静な場所」（井上さん）とのことで、たしかに落ち着いた雰囲気である。いつものように旅の疲れを癒すためにパブで乾杯し、翌日以降の「歩け歩けツアー」に備えた。

そういえば、ロンドンに着く前日にたまたまポールがMPLに立ち寄っていたことをSNSの情報で知っていた。そこで、その2日後にMPLに行った時には「もしかして、ポールはまだこの辺りにいるんじゃないか？」とほんの少しだけ思ったが、土曜日なので事務所の中はまったく見えず、椅子を拝むこともできずに終わった。ポールが触ったばかりのドアノブを回してくればよかったか。

アビイ・ロード・スタジオに〝潜入〟

アビイ・ロードに行ったのは翌日の日曜日だったので、横断歩道はやや混雑していたが、4人×9組に区分けし、撮影は、それほど手間取らずにわりとあっさり終了した。あまりに列が長いので、ここに並ばないといけないのかと思った外国のファンが、お行儀よくその列の後ろに並んでいるのが微笑ましかった。

ここでひとつ、ある〝依頼〟があった。アビイ・ロードの第2スタジオが一部改修され、撤去されたレンガが19年7月に売りに出された。限定210個である。毎回参加の菊池健さんと2年連続参加の島乙平さんはそのレンガを購入し、ともにこのツアー中に直接受け取ることにしていた。ありがたいことに、菊池さんから「一緒にスタジオまで受け取りに行ってもらえませんか」と前もって言われていたのだ。もちろん「喜んで」である（島さんはツアー後もイギリスに滞在し、後でレンガを受け取った）。

井上さんにも声をかけ、こうして3人でアビイ・ロード・スタジオに初めて潜入した。といっても「受付」までだったが、得がたい時間となった。少し写真を撮っていたら撮影はやめてほしいと言われたが、壁には過去にレコーディングしたアーティストの写真やレコード・ジャケットが飾られていた。ジャケットは『SGT. PEPPER'S LONELY HEARTS CLUB BAND』（67年）とピンク・フロイドの『THE DARK SIDE OF THE MOON（狂気）』（73年）の2枚だった。

今回のツアーは、ゆかりの地を回る順番が一部入れ替わっていたが、ロンドンからリヴァプールへ向かうのも、初めて電車での移動となった。田園風景を眺めながらの旅は趣

アビイ・ロード・スタジオ内で
（2019年10月6日／撮影：菊池健氏）

があっていいものの、荷物を車内に持ち込まないとならないので、そのやりくりが予想以上に大変だった。泊まったのは3年連続でアデルフィ・ホテルである。

毎年恒例のように、夜は有志の方々とグレイプスで軽く飲み、その足でキャヴァーン・クラブへと向かう。以前は月～木曜日は無料だったのに、今回は2・5ポンドを払って入った。

「ライヴは期待できるかも」と思ったが、昨年に続き、「Twist And Shout」にロス・ロボスの「La Bamba」と、「Hey Jude」にガンズ・アンド・ローゼズの「Sweet Child O' Mine」を一部かぶせて一人で素っ頓狂に歌う男性が、また楽しそうにがなっていた。思い返してみると、キャヴァーン・クラブでのライヴは、17年に観たキャヴァーン・ビートルズという専属のトリビュート・バンド（ポールが99年にやったのと同じ奥のステージ）が、最も印象的だった。

今年もジョンとポールの家へ

リヴァプールでは、前回に続いて〝最大の山場〟でもあるジョン（ミミ伯母さん）とポールの家へ。今回は12人（他に海外の親子3人）＋15人＋9人という3組に分かれて入ることになった。まとめ役は、申し訳ないことに専属カメラマン＆スタッフのように参加者から思われるようになってしまった菊池さんにもお願いし、菊池さん（10時〜）・井上さん（11時〜）・藤本（14時〜）の3グループで入ることになった。

最初の2組が観ている間に、リヴァプール博物館で開催されているジョンとヨーコの『ダブル・ファンタジー ジョン＆ヨーコ』展に足を運んだ。昨年見られなくて残念な思いをしたが、好評で開催が延長されていたのだ（その後、20年10月9日から21年2月18日まで、東京・ソニーミュージック六本木ミュージアムで開催）。2人の歩みがヨーコ寄贈の貴重な品々とともに、映像もところどころ交えて紹介される、いわば「ジョン・レノン・ミュージアム」の

〝ビートルズ抜き〟ヴァージョンだった。

ジョンとヨーコの『WEDDING ALBUM』のジャケット写真に使われた2人の新婚旅行の服は初めて観た。他にも見どころ満載で、じっくり見ようとしたら1日では終わらないほどだ。入場料はなしで、写真撮影もフラッシュなしならOKという〝太っ腹〟だったが、来場者の多くは5ポンドかそれ以上を寄付していた。リヴァプール博物館はアルバート・ドック沿いにあるが、この日は雨と曇りの予報に反してこれ以上ないほどの快晴で、港沿いはこれまでで最高の気持ち良さだった。

最初の2組と入れ替わり、いよいよジョ

リヴァプールで開催された『ダブル・ファンタジー ジョン&ヨーコ』展

ン&ポールの家へ。今回はポールが先だった。部屋の中にある弟マイクの撮影による珍しい写真は目に焼き付け、トイレにもちょっと座り、裏庭は昨年以上に〝ガン見〟してきた。ジョンの家も2度目となると多少余裕をもって見られるようになったが、そこにいられるだけで幸せ、である。ジョンとポールが寝泊まりしていた部屋はよく似ていると思った。

リヴァプール最終日の10月9日は、奇しくもジョンの誕生日である（息子ショーンと、ジョージ・マーティンの息子ジャイルズも同じ誕生日）。「なんて運が良いんだろう」と思いながら、この日は専用バスで郊外へと向かった。

ストロベリー・フィールド内の記念館

前回のツアーはポールがリヴァプールを訪れた後のタイミングとなったが、今回もいい巡り合わせがあった。9月14日に、ストロベリー・フィールド内の孤児院の跡地に記念館ができたのだ。ジョンとポールの家に続いて、ジョンの遊び場だったストロベリー・フィールドの中にも初めて入ることができる、というわけだ。しかもジョンの誕生日に、である。記念館に入ってみたら、予想よりはあっさりとした作りで、あっという間に見終わってしまった。木の生い茂った幻想的な雰囲気はなくなってしまったものの、裏庭には、新たに置かれた〝昔の門〟もあったし、ジョンの子ども時代に思いを馳せることのできる場所がこうして生まれ変わるのも悪くはない。

エンプレス・パブ周辺は再開発がさらに進み、停車中の車が増えた。パブの窓に描かれていたヘンな絵はなくなっていたのは良かったが、生家前の道路は、昨年に続き工事中のため手前に柵ができてそれ以上は入れず。数年後、このあたりに「リンゴ記念館」ができるのではないかと思った。一足先に「リンゴズ・フィッシュ&チップス」店ができてしまっていたが。

もう1ヵ所、井上さんの粋な計らいで、ポールが生まれたウォルトン・ジェネラル・ホスピタル（ポールの母メアリーが勤務）にも行くことができた。その帰りに寄った、リヴァプールの町並みが一望できる高台から見た景色も素晴らしかった。

リヴァプール最後の夜は、ジョンの誕生日に行かないわけがないマシュー・ストリートへ。ジョンの像もシラ・ブラックの像もキャヴァーン・クラブも、ジョンの79歳の誕生日をお祝いしていた。

記念館になったストロベリー・フィールド

ジョンの誕生日を祝うキャヴァーン・クラブ

初めてのハンブルク！

そして今回のツアーの最大の楽しみでもあるハンブルクへ。夕方の16時前（イギリスとの時差は1時間）に着いたが、ホテルに向かうバスの車窓から町を眺めてみると、ロンドンよりもヨーロッパ色が強い。家の屋根は三角にとんがり、停まっている車も多いが、歩いている人はほとんどいない。

ホテルでしばし休憩した後、晩メシを食べに夜の町へ。向かうのはもちろん、ザンクトパウリ地区にある歓楽街レーパーバーンである。レーパーバーンの表通りは予想以上に広く、交通量も多い。賑わいも新宿・歌舞伎町の100倍規模だ。60年代前後の淫靡な雰囲気がそこかしこに漂っている。レーパーバーン通りを北上したグローセ・フライハイトという小さい通り沿いに、ビートルズが腕を磨いたライヴハウスがいくつもある。スター・クラブの跡地、店名はそのままのカイザーケラーとインドラ・クラブ、現在はピザ屋になっている旧トップ・テン・クラブ、アパートになっている旧バンビ・キノ（ビートルズが寝泊まりした場所）と、ライヴハウスを中心に隈なく回る。グローセ・フライハイト通りは想像していたよりも道幅が狭く、リヴァプールのマシュー・ストリートを派手にやや広めにしたような印象

インドラ・クラブ

カイザーケラー

だった。それにしても、ゆかりのライヴハウスがこんなに近場に固まっているとは思いもよらなかった。それほど広くないこの一帯を若きビートルズはうろつきながら、ハンブルクの荒くれ男を相手にライヴ三昧の日々を過ごしていたわけだ。何と言うか、ビートルズの〝敵地遠征〟の本気度が伝わってくるような密集地帯だった。

ビートルズが初めてハンブルクに行ったのは60年8月のことだった。出演したライヴハウスをざっとまとめると、インドラ・クラブ（60年8月17日〜10月2日）、カイザーケラー（10月4日〜11月21日）、トップ・テン・クラブ（10月28日、11月30日、61年4月1日〜7月1日）、スター・クラブ（62年4月13日〜5月31日、11月1日〜14日、12月18日〜31日）という流れだ。インドラ・クラブの入口には、ビートルズがハンブルクで初めて演奏した場所であることを記したドイツ語のプレートがあった。

初めてのハンブルク。目に入るものすべてが新鮮で、ただただ圧倒される。「へえー」とか「おお！」とか、口を突いて出るのも、そんな言葉ばかりである。来てみて思ったのは、同じゆかりの地でも、リヴァプールともロンドンとも、町の表情がまったく異なるということだ。ハンブルクでは、レーパーバーンだけがいわば無法地帯で、それ以外は普通

スター・クラブ（跡地）

トップ・テン・クラブ（跡地）

ののどかなヨーロッパの町だということも実感した。

翌日は、ハンブルクでは唯一、本格的に町を回れる日である。朝から動く気満々で、まずは一足先にジョンの『ROCK 'N' ROLL』（75年）のジャケット撮影場所へとタクシーで向かった。17年の最初のツアーの時にチズウィックに同行した4人（菊池さんと関西組2人）がまた揃ったので、現地へと一緒に向かった。ただし、今回はロンドンのアビイ・ロードの横断歩道でジャケット撮影の真似をするのとはワケが違う。『ROCK 'N' ROLL』のジャケットが撮影された場所は私有地なのだ。ツアーに行く前に井上さんからも、撮影はできないかもしれないと言われていた。うまくいくだろうか。

まず、入口に木の大きな門がある。そーっと開けて中に忍び足で入ってみた。2階建ての古いアパートが右手にある。見た瞬間、『ROCK 'N' ROLL』のジャケット撮影を、わざわざこんなに狭い場所まで来てやったのかと驚いた。ジャケットのイメージだと、もっと大きな道路で大っぴらに撮影したように思えるからだ。ジョンが佇む場所と、その前を歩く3人（前からポール、スチュ・ジョージ）のイメージで、何度か撮影を試みた。撮影に気を取られていてまったく気づかなかったが、しばらくしたら真横にいきなり犬がいたので、さらにびっくりした。吠えられないように気をまわしながら、4人交互に撮影を続ける。そ

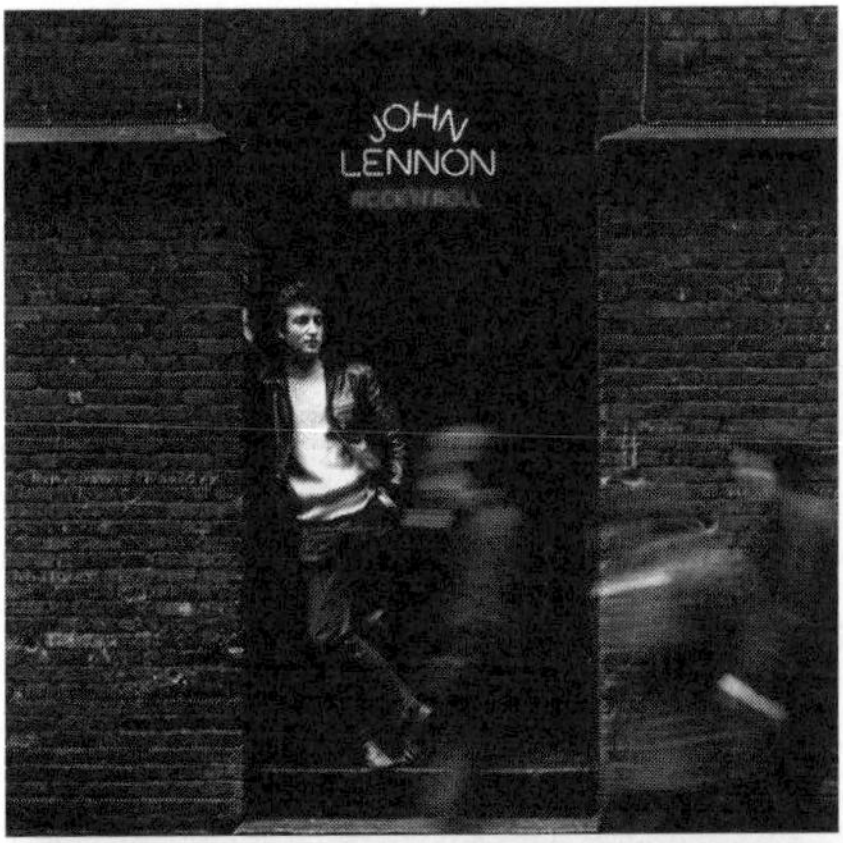

『ROCK 'N' ROLL』のジャケット撮影場所で
（2019年10月11日／撮影：菊池健氏）

ビートルズ・プラッツ

うしたら、ジョンと同じポーズで佇んでいた菊池さんが、インターホンを間違って押してしまったのだ。「フライアー・パーク事件パート2」である。まるで「ピンポンダッシュ」のように4人で慌てて逃げだした。“Get out, please”という声を背中に浴びながら、である。なにをやってるんだか。それでも、またすぐに現地に戻って撮影を続けた（笑）。

ハンブルクの中古レコード屋と不思議なカレー

ホテルに戻り、今度は全員で、昨日とは順番を変えて、インドラ、バンビ・キノ、『ROCK'N' ROLL』のジャケット撮影場所、

フリードリヒ・エベルト・ホール

カイザーケラー、スター・クラブ、ビートルズの広場「ビートルズ・プラッツ」（レーパーバーン通りとグローセ・フライハイト通りが交差した場所に2009年にできた、スチュを含む5人のオブジェがある広場）、トップ・テン・クラブ、ポールとピートがボヤ騒ぎを起こして連れて行かれた警察署などを、時間をかけて回った。『ROCK 'N' ROLL』の撮影場所も、大人数だったのに何事もなく撮影できた。
　午後は初めて地下鉄に乗り、まずは61年にトニー・シェリダンとのポリドール・セッションが行なわれたフリードリヒ・エベルト・ホールへ。門の前までしか行けなかったが、61年にビートルズ初のオフィ

上／中古レコード屋
下／野菜カレー

シャル・レコーディングが行なわれた場所もまた、レーパーバーンとは異なる、広々として落ち着いた場所にあった。

　地下鉄でホテルに戻り、自由行動となる。17年以降のビートルズ・ツアーではロンドンのＨＭＶを覗いた以外、レコード屋巡りはまったくしてこなかったが、ハンブルクでは、泊まったホテルの近くに中古レコード屋があった。昨日行ってレア盤を買ってきたという島さんからの情報もあり、これは行かねば、と思っていたのだ。井上さん、菊池さん、遅れて島さんと向かってみた。当たり前のようにドイツ盤がたくさんあるなか、

『ABBEY ROAD』のロシア盤やポールの『PRESS TO PLAY』のインド盤など、なぜかドイツ盤以外を購入した。レコード屋をもう一店見てからは、井上さん、菊池さん、それに過去3回のツアーに参加している山田勉さんとの4人で、港近くのホテルが経営しているレストランで野菜カレーを注文してみた。出てきたのは、カレー味のシチューのような、想像を遥かに超える摩訶不思議なドイツのカレーだった。

酔いつぶれてもなお

夜は有志の方々とすぐに外出し、21時半にカイザーケラーに着いたものの、22時オープンとのことで、オブジェのある広場など、周辺をしばし散策。あのカイザーケラーに入れると意気込んだものの、入ってみたら中は広々としていて、DJが〝踊れる曲〟をかけ続けていたので拍子抜けした。ならばと、ダフト・パンクの「Get Lucky」が流れた時だけ耳を傾け、あとはコロナビールを大量に飲みながら楽しんだ。

23時は過ぎていたが、ハンブルクの最後の夜ということで、ハンブルク版グレイプスとも言える、ビートルズが行きつけだったパブ「グレーテル&アルフォンス」へと10名以上で向かう。入ったら「Love Me Do」がかかっていて、こっちの店のほうがしっくりくると思ったりしていたら、途中で得意の〝飲み寝〟に……。あとで聞いたら、その間に皆さんにいろいろといじられたようだが、まったく記憶なし、である。酔いつぶれた時は、いったん目が開くと復活することが多いが、この時は旅の疲れもピークだったのか、店を出てWi-Fiの接続機を落としたり、自転車にぶつかりそうになったり、道路に飛び出しそうになったりと、覚えてはいるものの、はたから見てもかなり危うかったらしい。

それでもまだ帰らず、もう1ヵ所、見に行きたい所があった。「飾り窓の女」がいる場所だ。ビートルズの歴史を追ったドキュメンタリー映像には頻繁に出てくる60年代前後の情景は、いまはどんなふうになっているのだろうか。

実は、「あそこがそうじゃないか」と昼間に目星を付けていた同行者がいた。ポールとピートが捕まった警察署の近くだという。レーパーバーン界隈は昼と夜の表情が異なるので、半信半疑で中を覗いてみたら、ありました「飾り窓」がたくさん。出入口が2ヵ所ある100メートルぐらいの開放的な場所だが、中に入れるのは「19歳以上の男性だけ」。「男性だけ」といえばポールが「Hey Jude」の後半のコーラス部分で呼びかける言葉だな

いざ「飾り窓の女」へ（2019年10月11日／撮影：菊池健氏）

あと思ったりしながら、中が見えないようにしてある少し入り組んだ入口から入ってみた。すると、左右のショーウィンドウに下着というよりは水着の女性が立っていて、男性数人と笑顔で話し込んでいる。記念に写真を撮ろうとしたら、その瞬間に「NO!!!!!」という怒号が！ 菊池さんによると、それまでニコやかに愛想を振りまいていた女性の顔が鬼の形相になったという。たぶん妖怪人間ベラの変身後のような顔だったんじゃないかと思う。さらに中央左手に別の道があったので、そっちに向かい、懲りずにまた写真を撮ろうとしたら、今度は「NO」（×10）ぐらいの声が飛んできた。ハンブルクでの狂乱の日々はこれで終わり、である。

めったにない〝ボーナス・トラック〟

ロンドン〜リヴァプール〜ハンブルクと続いたビートルズ・ツアーも、ついに最終日。……ではあったが、日本に大型台風が来るという情報が数日前からあったため、「ホントに帰れるのか？」「アンカレッジ経由で明け方に着くのは無理か？」など、日本の情報を確認しながら、今回もまた〝レット・イット・ビー〟の精神で乗り切るつもりでいた。

朝食後の時間に、この日もホテル前からタクシーに乗り、アストリット・キルヒヘルの自宅のあった場所へと向かった。最後のゆかりの地訪問である。この家は、スチュアート・サトクリフが62年4月10日に亡くなった直後（4月19日）に、ジョンとジョージが訪ね、最上階でアストリットが写真を撮った場所でもあるのだ。「あそこにジョンとジョージがいたのか……」と思いながら最上階を見上げた。アストリットは、ビートルズのアルバム『WITH THE BEATLES』（63年）のハーフ・シャドウのジャケットや、マッシュルーム・カットの髪型を考案した、デビュー前のビートルズにとっての最重要人物の一人として知られている（20年5月に死去）。

バスでハンブルク空港に着いたが、出国審査に時間がかかる。89年のニューヨークの入国に次いで、審査官との相性がこの時も悪かった。36人のツアーなのだから、順にすいすい進むかと思っていたが、呼ばれて顔を見たら、それまでは穏やかだったのに、なぜか笑顔じゃなくなっている。「いつ来たのか」とか「いつまでいるのか」とかしつこく聞くので「同じツアーで来て、これからロンドンに行くところだ」と言ったが、「そんなのはわかってる」という返事だ。パスポートの写真は髪の毛を結んだものだったので、別人だと疑われたようだ。違う理由かもしれないが。

ロンドンのヒースロー空港に夕方着

アストリット・キルヒヘルの元自宅
（2019年10月12日／撮影：菊池健氏）

いたが、予想どおり成田空港行きは飛ばず、ロンドンで予期せぬもう一泊、となった。行きじゃなくて良かったと思い、空港が手配したホテルへと向かう。もちろん宿泊代は航空会社持ちだ。ロンドンといっても空港近くで、すでに18時半を過ぎている。あとは最後のハンブルクの思い出を大事に、ホテル内で晩メシ&パブ飲みで余韻を楽しんだ。それでも、3回すべてのツアーに参加している杉本純子さんはロンドンの中心部まで行ったというから恐れ入った。

ホントなら日本に戻っているはずの、めったにない〝ボーナス・トラック〟。……ではあるものの、地方から参加された方の帰りの便や仕事の状況などを思うと、運の良し悪しは人それぞれだとも思った。ただし、追加の1日があったおかげで、一息つくことができたのは、体調回復には何よりだった。

「冥土の土産ツアー」第3弾は、波乱に富んだ10日間となったが、個人的にもひとつ、「その後」に影響を与える出来事があった。ロンドンを歩き回っている時に、動悸が激しくなり、「おや?」と思う瞬間があったのだ。行く前の2ヵ月ほど、あれこれ仕事を詰め

ミミ伯母さんの家の前で記念撮影（2019年10月9日／撮影：井上ジェイ氏）

込みすぎ、睡眠不足のまま突っ走ってしまったのが悪かったようだ。

　帰国の数日後、目黒駅の階段を駆け上がった時にいきなり「心臓バコバコ状態」になったので、こりゃマズいなあと思って診てもらったら、「心房細動」とのこと。精密検査を受けたりもしたが、それ以後は、1日10杯近く飲んでいたコーヒーはほぼカフェインレスにし、水分と睡眠を多めにとり、夜中に仕事をするのも極力やめ、節制につとめた。アルコールも、ツアーの最終日にロンドンのヒースロー空港で飲んでからはいっさいやめた。ハンブルクでの狂乱の日々が、まさに最後の乱痴気騒ぎとなったのだった。

エピローグ

昨年（2020年）は、ピーター・ジャクソン監督によるビートルズの新作映画『The Beatles: Get Back』とアルバム『LET IT BE』の50周年記念盤が出る予定で、それに合わせて4年目となる「冥土の土産ツアー」も決まっていた。しかも5月と10月の2回である。5月には、映画『LET IT BE』が撮影されたロンドンのトゥイッケナム・フィルム・スタジオにも初めて足を運ぶつもりでいた。

だが、「新型コロナウイルス」の猛威が世界を覆い、すべてが持ち越しとなった。人生は「Tomorrow Never Knows」だと認識してはいるものの、これも運命だとあきらめ、今後の楽しみが増えたと思うようにした。と同時に、体調を崩したことで無理に突っ走るのはもうやめにして、「健康第一・原稿第二」で今後は無理なく過ごそうとも決めていた。

一方、「心房細動」の手術はビートルズの新作映画の公開後にしようと思ってもいたが、映画も延期になったので、それならと今年（21年）2月上旬に手術を受け（無事に終わりました）、今後のツアーや映画のために前もって体調を整えておくことにした。これまでは年齢をまったく意識することなく過ごしてきたし、「周りの喜びが自分の喜びに」という思いで日々を楽しむように努めてきたが、手術後は「(Just Like) Starting Over」な気分で、もう少し「I Me Mine」にしようかと思うようにもなった。

さて、本書の執筆は、『ビートルズ213曲全ガイド』や『ゲット・バック・ネイキッド』のオリジナル版をはじめ多数の造本・装丁などでお世話になっている松田行正さんに声をかけていただいたのがきっかけとなった。この「わたしの旅ブックス」シリーズのブック・デザインを松田さんのマツダオフィスが手掛けている関係で、編集担当の佐々木勇志さんをご紹介いただいたのだ。今回もまたデザインでお世話になった松田行正さんと杉本聖士さん、辛抱強く待ってくださった編集の佐々木勇志さんに御礼を申し上げます。ありがとうございました。

ところで、ちょっと調べてみたら、佐々木さんから最初のメールが届いたのは一昨年

（19年）の1月8日だった。結果的に2年以上もお待たせしてしまったけれど、その間、本書を書くにあたって、家にあった旅行記（のようなもの）や写真をあれこれ見つけたりしながら、珍しく過去を振り返る時間が大幅にできた。当初は20年9月頃の刊行予定もあったが、映画の延期とともに（？）本書も「もう少し先に」という流れになった。

そうしたら、運の良いことにと言っていいと思うが、その後（20年11月）、半世紀住んでいた目黒の西小山から国立周辺（住所は国分寺市）に引っ越すことになり、本書で触れた「レコード購入帳」や「松下のオープンリール・テープ」、どこにいったのやら…と思っていたウイングスの80年のチケットなどが、片付けをしているうちに次々と見つかったのだ。「高校の英語のノート」も30年ぶりに〝発掘〟されたが、「すごい表紙、これは一種のアート」という佐々木さんの強い要望で、本書の巻頭に掲載された（よく見ると、曲名の綴り間違いがありますね）。伯母に「イギリスの思い出」を改めて聞けたのも良かった。

それにしても、二度と読み返すことのない書きなぐりの日記を、まさか30年後に解読することになるとは思わなかった。第4章の「ニューヨーク編」に出てくる地元の人々とのやりとりなどは、ほとんど忘れていたことばかりだった。とはいえ、久しぶりに読み直しているうちに、「ああ、そういえば、そんなことがあったなあ」と、その時の情景が、いま目の前で起こっているかのように、いきなり頭に浮かんでくるのだ。きっと、脳のどこか奥底に記憶として刻み込まれているに違いない。

ビートルズの出会いがきっかけで実現した7度の海外旅行について、こうしてまとめてみて思うのは、同じ空気を吸った人との縁は不思議でもあり、思い出としても大事にしたいということだ。「一期一会」とか「袖振り合うも他生の縁」という言葉は、特に海外にいる時に強く感じる。面倒臭い人（出入国の審査官ほか）にたまに出会うこともあるが、それもまた人生だと思えばいい。そして今ふと思うのは、89年12月29日のナッソー・コロシアムでのビリー・ジョエルのコンサート前に、「お前はマッポか？」と聞いてきたダフ屋のお兄ちゃんのことである。

ロンドン、リヴァプール、ニューヨーク、ボストン、シアトル、ラスヴェガス、そしてハンブルク。あの時あの場で会った人たちは、今どこで何をしているのだろうか？

2021年3月　藤本国彦

藤本国彦（ふじもと・くにひこ）

1961年東京生まれ。(株)音楽出版社の「CDジャーナル」編集長を経て2015年にフリーに。主にビートルズ関連書籍の編集・執筆・イベント・講座などを手掛ける。主な編著は『ビートルズ全213曲全ガイド』（音楽出版社）、『GET BACK...NAKED』（牛若丸／増補版『ゲット・バック・ネイキッド』は青土社）、『ビートル・アローン』（ミュージック・マガジン）、『ビートルズ語辞典』（誠文堂新光社）、『ビートルズはここで生まれた』（CCCメディアハウス）、『ジョン・レノン伝 1940-1980』（毎日新聞出版）など。「速水丈」名義での編著も多数。映画『ザ・ビートルズ～EIGHT DAYS A WEEK : The Touring Years』の字幕監修も担当。無類のカレー好き。

わたしの旅ブックス

031

気がづけばビートルズ

2021年4月15日　第1刷発行

著者――――藤本国彦

デザイン――――松田行正、杉本聖士（マッツダオフィス）
編集――――佐々木勇志（産業編集センター）

発行所――――株式会社産業編集センター
〒112-0011
東京都文京区千石4-39-17
TEL 03-5395-6133　FAX 03-5395-5320
https://www.shc.co.jp/book

印刷・製本――――株式会社シナノパブリッシングプレス

ISBN978-4-86311-293-3 C0026